JN438446

나의 아틀리에

나의 아틀리에

박선숙 수필집

수필과비평사

| 작가의 말 |

강물이 바다로 흘러가듯 구름이 흐르고 바람도 지나갑니다. 자연과 함께 인간의 삶도 어디론가 흐릅니다. 그 모든 것들 세상에 흐르다 내 마음속에 잠시 머물 때가 있습니다.

마음안으로 들어오는 것들을 그리며 살고 있습니다. 기꺼이 다가가 깊이 바라봅니다. 더 가까이 다가가면 사랑이 담겨 있음을 가르쳐 줍니다. 언어를 모아 무언가 그리는 일은 어쩌면 사랑에 빠지는 일일지도 모릅니다.

아침이면 노트북에 마음을 점령하는 신비를 표현해 봅니다. 그들과 하나될 때 존재의 의미가 부여되는 순간이라 여깁니다. 미완일 수밖에 없을지라도 나의 시간이 행복으로 물드는 때입니다.

어떤 모양으로 빚어질지 무슨 향이 피어나는지 소리는 어떤 음색이 될지 모릅니다. 내 가슴에 흐르는 풍경 이야기 모아 그림 그리듯 온 마음으로 그저 그립니다. 늘 먼 곳을 향한 그리움을 지으며 마음 밖에서 서성이는 또 다른 나를 바라봅니다.

첫 번째 수필집을 출간한 지 어느새 다섯 해가 지났습니다. 팬데믹 세상은 나에게 더 침잠할 수 있는 시간이었습니다. 마음 가는 대로 지은 이야기 모아 두 번째 수필집을 세상에 내보냅니다. 함께 행복한 시간 되었으면 좋겠습니다.

평론을 해주신 박동규 문학평론가, 서울대 명예교수님께 진심으로 감사드립니다. 수필집 출간이 순항하도록 도움을 주신 문우님들과 수필과 비평사 모든 분께도 감사드립니다.

2022년
여름

박선숙

· 차례 ·

제1부

제2부

제3부

제4부

제5부

제1부

나의 아틀리에

까치집

순수를 심다

허물

낙타의 눈빛

오솔길 따라

나의 소확행

촛불

나의 아틀리에

겨울 한가운데를 지나고 있다. 날씨가 매섭다. 삼한사온은 사라진 지 오래다. 연일 영하 십오 도를 넘나든다. 창밖 나신으로 서 있는 나무를 바라본다. 침묵하는 나무는 생각 길로 안내한다.

아무것도 걸치지 않은 채 봄을 기다리는 나무들. 생명은 위대하다. 눈이 오는 밤이면 가지가 떨어져 나가는 소리가 들려온다. 제 몸을 떨어뜨리며 혹독한 추위를 견디는 시간은 기다림이 있기에 가능하리라. 그 순간을 인내하며 안으로는 새순을 트기 위해 준비하고 있을 터다. 그 끝에 따스하고 환한 봄역에 도착할 날 있으리니. 그들이 새로 나서 살아가는 과정은 처연하고 아름다우며 또한 위대하다. 많은 가르침을 전해 준다. 자연에서 경전을 읽는다.

나의 작은 방에도 경전들이 있다. 선인들은 세상과 사람, 자연에 대한 깊은 뜻의 고귀한 이야기를 이미 그려놓았다. 책은 또 하나의 세상이다. 체험하지 못했던 나라를 책이라는 길을 통해 여행한다. 그들이 펼쳐놓은 글 속 길섶엔 울림이 있다. 물처럼 흐르는 음악이 있고 그윽한 향기와 신비스런 이야기가 생생하다. 쉼 없는 마음 걸음은 작가 품에서 벗어날 줄 모른다. 상상 나래를 펴며 꿈을 품기도 한다. 어제와 다른 나를 만나는 시간이다.

조그만 공간, 나의 방을 '아틀리에'라 지었다. 화가나 조각가처럼 나의 작업을 하는 곳이다. 책과 함께 여행지에서 데려온 알라딘의 요술램프, 화관을 들고 있는 날개 달린 천사, 깃털을 정교하게 조각한 공작과 동거한다. 이곳에 문을 열고 들어올 때마다 아늑함을 느끼게 해주는 친구들이다.

아틀리에는 작은 내게 거대한 세계를 볼 수 있도록 자유 날개를 달아준다. 세상 끝도 그리 멀지 않다. 무한한 우주를 유영한다. 조용한 밤이면 먼 데서 빛으로 오는 별들의 이야기에 귀 기울인다. 때로는 '어린 왕자'와 같은 동심으로 가끔은 철학자들의 난고難苦에 빠지며 사유의 길을 펼치기도 한다.

하루가 지나가는 어스름 저녁, 창밖에 노을이 펼쳐진다. 저보다 더 황홀할 수 있을까. 마음 캔버스에 무언가 그리고 싶어지는 시간이다. 글쓰기는 생의 출구를 찾는 방법이다. 지금 이 순간 처해 있는 생각과 영혼의 감옥에서 탈출할 수 있는 유일한 작업이다. 세상 아름다움에 다가가는 설렘이다. 그림을 그리듯 그리움을 담는다. 글쓰기의 기저基底는 다시 송나라 구양수 말씀인 다독多讀 다작多作 다상량多商量이다. 많이 읽고 여러 생각의 창을 넘나들며 늘 그려야 한다. 그리 쉬이 갈 수 있는 길은 아니지만 문학이라는 바다에 머물고 싶다. 세상 향한 귀는 조금만 열어 두려 한다.

창 안과 밖의 세계를 넘나들 수 있는 케렌시아(Querencia) 같은 안식처. 이곳에서 기다린다. 이제 조금 있으면 무채색의 긴 겨울은 꽃빛으로 피어나는 봄으로 데려다줄 것이다. 자연이라는 화가는 아틀리에 창에 사계를 담은 그림을 그려놓는다. 고유한 모습으로 피어나는 꽃들을 바라보자. 숨이 멎을 것 같은 감동을 받으리라. 끊임없이 들려오는 새들의 지저귐, 초록을 배경으로 곳곳에 피고 지는 꽃들 자태는 차라리 아름다움을 넘어 경이롭다. 바라보는 이를 무장 해제시킨다. 자연스럽지 못한 채 어정쩡 서있는 인간의 모양이 섧다. 생명을 지닌 만물은 늘 자신의 삶을 위해 최선을 다한다. 아무리 뜨거워도 눈보라 몰아쳐도 새로이 피어난다. 그래서 아름다움뿐 아니라 숭고함이 저절로 뿜어져 나오는 게 아닌가.

내 마음의 정원인 작은 아틀리에. 자연과 세상 이야기에 귀 기울일 수 있는 쉼터이다. 사람과의 관계에서 오는 편안하지 않음을 모두 여과시킬 수 있는 필터이다. 마음껏 꿈을 그릴 수 있는 엄마 품처럼 따스한 곳. 고요한 평화가 깃들어 있어 나다운 나로 존재할 수 있는 파라다이스다.

나의 공간은 나의 시간이 흐른다. 과거 · 현재 · 미래가 공존한다. 따뜻한 차를 마시며 나만의 세계를 그릴 수 있는 시공이 있어 감사하며 지낸다. 이제는 가슴이 향하는 길로 가고 싶다. 내 모양대로 살 수 있는 절대적 사랑처處리니.

까치집

새처럼 날개를 펴고 자유로이 날 수 있다면. 가끔 허공에 무시로 집 한 채 지어본다. 가벼운 날개를 지녀야 가능하겠지만 말이다. 몸이 새털처럼 가벼워진다면 마음도 그리하지 않을까.

요즘 까치 한 쌍이 분주하다. 긴 겨울 보내고 봄이 오는 길목에 만난 까치 두 마리. 어느 사이 사랑을 하고 미래를 약속했나보다. 연봇가 뽕나무 꼭대기를 집터로 택했다. 이른 아침부터 부부는 부지런히 집을 짓기 시작한다. 설계도와 조감도는 이미 가슴속에 그려져 있는 걸까. 가장 안전한 각도에 기반을 잡았다.

주춧돌 쌓듯 주워 온 나뭇가지들을 얼기설기 받쳐놓는다. 날개엔 힘찬 음표가 달려있다. 눈짓, 발짓, 날갯짓은 그들만의 비밀 언어. 층 높이는 이만큼이면 될까. 평수는 어느 만큼이어야 할까, 행여 복 한 움큼이라도 새어 나갈까, 한 치의 오차도 허락할 수 없다는 듯 나뭇가지 사이를 분주히 오간다. 어쩌면 그들은 완벽한 건축공학도일지도 모른다. 파란 하늘 아래 저 높은 가지 사이가 가장 안전하다는 것을 벌써 간파하지 않았는가. 그래서일까. 여러 가지 과학 원리를 이용하여 집을 짓는다고 학자들은 알려준다.

건축 자재가 다양하다. 입으로 나르기 버거울 커다란 나뭇가지를 어디선가 잘도 물어온다. 진흙도 마다않는다. 아마도 지상 최대의 보금자리를 마련하려나 보다. 따스한 햇살 한 가닥 싱그러운 바람 한줄도 엮어 넣는다. 노래 한 소절도 함께. 귀여운 새끼들과 행복하게 살고 싶은 마음뿐이려니.

까치 까치 까까치. 신호를 보내는 사이 주택은 한 층 또 한 층 둥그렇게 올라가고 있다. 그들 바람만큼이나 견고하게 높아진다. 새들도 자신들이 기거할 곳은 저리도 정성을 기울이는구나. 나무 아래 지날 때마다 그 모습이 신기해서 한 번 더 올려다본다. 덩달아 즐겁고 기쁘고 흐뭇하다.

긴 시간 동안 온힘 다해 완성한 아름다운 성. 빛이 난다. 참으로 대단하다. 몸과 마음으로 사랑을 켜켜이 쌓아놓은 시간이었다. 바람이 전해준 지혜가 들어있고 구름이 그려준 희망도 담겨있으리라. 한 마음으로 따스한 공간을 창조하는 동안 둘 사이는 더욱 견고해졌을 것 같다. 비바람 불어도 부서지지 않으리. 눈보라 몰아쳐도 끄떡없으리. 겨울 나뭇잎이 다 떨어져도 까치집은 빈 나뭇가지 사이 처음 그대로 남아 있는 모습에서도 알 수 있다. 얼마나 촘촘하고 튼튼하게 지었는지. 안전성은 최고일 터. 가끔 산비둘기와 까마귀가 찾아와 시샘하듯 갸우뚱 기우뚱거리며 얼쩡거린다. 그들도 새 집이 궁금한게지.

귀여운 아기 새는 언제쯤 태어날까. 벌써부터 둥지 밖으로 새어나올 웃음소리가 들려오는 듯하다. 까치발로 성밖에 서성이며 그 날을 기다리다 기린처럼 목이 길어지지는 않을까.

까치는 상서로움을 주는 길조로 전해져 온다. 까치가 지저귀면 좋은 소식, 반가운 사람이 온다고 했다. 아침마다 전해주는 기쁜 소식을 들으며 하루를 시작할 것 같다. 벌써부터 설레는 이 가슴. 가끔 일상에 선물 같은 시간이 흘러온다.

저 높은 곳에 까치집 같은 집 한 채 있었으면 좋겠다. 구름 아니면 들여다볼 수 없는 나만의 공간. 마천루에 누워 푸른 하늘을 바라볼 수 있다면 행복하지 아니한가. 집 만드는 까치처럼 글 짓는 시간을 마련해야겠다. 허공 저만치에 놓아도 흔들림 없고 날아가지 않는 견고한 문장을 꿈꾸며. 하늘 언저리에 구름 흘러가듯 새들 지저귐, 바람의 말이 그려지기를. 봄볕 닮은 따스한 사랑도 담긴다면 더 바람 없으리.

어느새 찾아왔나. 벤치에 살포시 자리한 햇살이 정답다. 그 곁으로 살며시 다가가는 걸음. 봄 마당에 푸근히 펼쳐져 있었네. 행복향이거늘.

순수를 심다

눈이 펑펑 내립니다. 세상이 하얗게 묻히고 있어요. 참 예쁩니다. 춤추듯 다가오는 송이들을 시나브로 바라봅니다. 고요해지는 마음에 온통 따스함이 스며드는 순간입니다. 지금까지 살아온 삶을 리셋할 수 있다면 하얀 마음밭에 순수를 심고 싶어집니다.

동절기에 눈이 오면 자연은 더 꽁꽁 얼지요. 차가운 나라 같지만 땅속 저 깊은 곳엔 온기가 가득합니다. 생명이 숨쉬고 있을 테니까요. 꽃빛으로 빛나는 봄을 기다리며 긴 시간 보낼 수 있는 힘 저장고라 할까요. 우리 가슴도 마찬가지라 생각합니다. 마음에 떨어지는 언어에 따라 빙하가 되기도 하고 따뜻한 말 한마디로 희망 꽃을 피울 수 있으니까요.

예상치 못하게 날아오는 가시 언어는 말랑말랑한 가슴에 상처가 됩니다. 날카로운 화살촉이 사라지기까지 오랫동안 아프지요. 영혼까지 비틀거려 지구가 흔들립니다. 어두운 터널을 벗어나기 위해 사람들은 나름 방법을 찾지요. 여행을 떠나거나 운동을 하고 맛있는 것을 먹기도 합니다. 책 읽고 음악 들으며 마음 그리기에 몰두하기도 하지요. 평소 마음근육을 단단히 키워야 할 것 같아요. 스크래치를 지우기 위해서는 스트레칭을 해야 합니다. 평화로운 마음은 자유로워질 수 있으니까요.

가끔 전시장을 찾아가는 것도 좋을 것 같습니다. 작가가 지닌 뜨거운 열정을 만날 수 있을 테니까요. 간단치 않은 세상일보다 가슴이 이끄는 대로 완성한 작품을 만날 수 있습니다. 무한한 예술 세계는 삶과 인간에 대해 깊이 사유하게 해줍니다. 한 작품이 탄생하기까지 보낸 시간은 참 소중합니다. 고난과 고독한 순간을 통과하며 만든 산물이니까요. 몰입은 불순물이 섞이지 않은 순수 그 자체 아닐까요. 작품을 바라보노라면 사념은 사라지고 맑은 여백이 만들어집니다.

코로나로 묶인 길에 인터넷이라는 바다를 항해하다 좋은 화가를 만났습니다. 사람들에게 존경받는 두 국민화가예요. 미국 모지스(Grandma Moses) 할머니와 스웨덴 칼 라르손(Carl Larsson)입니다. 그들 그림에는 평범한 일상과 자연이 그려져 있어요. 제가 점점 빠져든 이유는 화폭마다 평온함이 담겨 있다는 점입니다.

모지스 가슴엔 사랑이 가득하기 때문일까요. 일생 동안 많은 어려움을 겪었음에도 그림마다 평화롭습니다. 결혼식 「컨트리 웨딩」, 하얀 눈 위에서 썰매 타는 「끄는 소년들」, 초록 잎이 무성한 「봄날」, 이웃과 보내는 즐거운 시간 「마을 축제」, 평화로운 동네 「아름다운 세상」이 그렇습니다. 늘 온화한 시선으로 세상을 바라보기 때문이겠지요. 그런 마음, 그런 시선을 지니고 싶다는 생각을 해봅니다. 칠십오 세에 그림을 시작하여 백일 세까지 그렸다는 점에 한 번 더 놀라게 되지요. 늦은 나이에 시작한 그 용기와 열정은 어디서 비롯되는 것일까요.

그녀는 일러줍니다. "인생에서 너무 늦은 때란 없습니다. 진정으로 무언가를 꿈꾸는 사람에겐 바로 지금이 인생에서 가장 젊을 때입니다. 무언가를 시작하기 딱 좋은 때지요."

칼 라르손 그림도 마음을 곱게 펴줍니다. 주로 환하고 고운 색으로 표현했어요. 아내 카린 베르구 「신부」, 첫째 딸 수잔이 화분에 물을 주는 「꽃이 있는 창문」, 가족 낚시 「달라르나 바이킹 원조대」, 봄 내음이 나는 「목가적인 봄」, 사랑이 가득한 보금자리 「태양의 집」에 오래 시선을 머물게 합니다. 그들이 손수 지은 집 릴라 히트나스(Lilla Hyttnas)지요. 이밖에도 좋은 그림을 많이 만날 수 있습니다. 작품을 바라보는 동안 저절로 힐링이 됩니다. 아내와 자녀의 행복한 일상이 고스란히 담겨있어요. 직접 만든 가구로 꾸며진 실내는 보는 이로 하여금 그곳에 머물고 싶게 만듭니다. 편안하고 아름다운 쉼터에 초대받은 느낌이랄까요.

라르손은 어린 시절 아버지로부터 받은 상처가 있지만 좋은 여인 카린을 만나 자녀를 여덟 명이나 두었습니다. 풍요로운 가정에서 성장한 그녀도 화가였어요. 남편과 가족을 돌보는 삶을 선택한 착한 아내지요. 자녀들 옷과 커튼을 뜨개질하며 단란한 가정을 만들어가는 그녀가 숭고해 보입니다. 초원에 그림 같은 집을 짓고 사랑을 나누며 살아가는 모습을 화폭에서 만났습니다. 우리가 꿈꾸는 이상적인 삶을 성취한 작가라는 생각을 해봅니다.

마음이 시릴 때 예술작품에 관심을 기울여 보면 어떨까요. 자연에 눈을 돌려도 좋습니다. 마음이 데워져 시베리아 벌판에도 따스한 길을 펼칠 수 있을 테니까요. 가슴안으로 시련이라는 싹이 떨어져도 다 골라낼 수 있는 힘은 마음 소관이겠지요. 지금 이 순간을 기쁘게 보내면 순수라는 새싹이 돋아나지 않을까요. 생生은 아름다운 여정이라는 희망이 솟아날 것 같아요. 모지스 할머니가 들려준 말에 용기를 얻습니다. "삶은 우리가 만들어 나가는 것이에요. 언제나 그랬고, 앞으로도 그럴 겁니다."

마음 가는 곳마다 순수 씨앗을 뿌리렵니다. 맑은 순筍 돋아나는 행복 나무를 키우며 살고 싶습니다.

허물

봄을 알리던 뻐꾸기 지나간 자리에 매미 합창이 한창이다. 여름을 노래하러 왔는가. 매미가 아침을 깨운다. 폭염과 코로나19 지우듯 씩씩하고 우렁차다. 이 또한 지나가리라는 바람인가보다. 새벽 창 두드리는 소리에 잠 못 이루나 생명의 외침이니 어이할까나.

요즈음 산책길에 매미 탈각蛻殼이 쉽게 발견된다. 커다란 나뭇잎 뒤에 마치 살아있는 것처럼 매달렸다. 잡아당겨도 쉽게 떨어지지 않는다. 매미는 허물조차 정교하다. 여섯 개의 다리, 배 주름, 눈 더듬이까지 세밀하게 조각한 듯하다. 신기한 것은 날개 부분이 아주 작다는 점이다. 마지막 순간 완성되는 작품이어서일까. 미완未完인 채 접혀 있는 날개는 바깥으로 빠져나와 제 모양으로 펼쳐지나 보다.

등에 갈라진 부분이 탈출구인 것 같다. 몸통이 빠져나오기엔 너무 작은 크기다. 새 삶을 시작하기 위한 혼자만의 의식이 있었으리라. 오랜 시간 온 힘을 다했을 생각에 가슴 한편이 아리다. 새로운 탄생 위해 고통을 수반한 외로운 과정이었을 터다. 남겨놓은 흔적에서 지난한 세월이 들려온다.

어둠 속에서 보낸 오랜 세월을 잊고 싶은 듯 어느 날 날개 펴고 나무 위로 비상했다. 노래할 수 있는 날은 고작 며칠이다. 한 철 세레나데 부르다 사라지고 마는 짧은 생이다. 한 생 한 사랑 위해 뜨거운 계절 한복판에서 허물을 벗는 걸까. 몸과 마음 온통 울려 고백한다. 사아랑 사아랑 사랑한다고. 숲속을 가르는 외침은 세상에 없는 울림이다.

가슴에 새겨주는 고사도 전해진다. 중국 진나라 시인 육운(陸雲, 232-303)이 '한선부寒蟬賦'에서 오덕五德을 알려주었다.

"매미 머리가 관冠 끈이 늘어진 모습과 흡사해서 문인 기품을 갖추었으니 배움, 문文이요. 오로지 수액과 이슬만 먹고 산다 하니 깨끗함, 청淸이요. 사람이 먹는 곡식을 먹지 않고 전혀 피해를 주지 않고 살아가니 청렴함, 염廉이요. 다른 곤충들처럼 집을 짓지 않고 나무에서 사니 검소함, 검儉이요. 철따라 허물을 벗고 자신의 할 도리를 지켜 울어대니 믿음, 신信이요."

임금과 신하들은 이 덕목을 본받으려 했다. 이 뜻을 잊지 말자는 의미로 조정에서 정무를 볼 때 매미 날개 모습을 장식으로 붙인 익선관翼善冠을 썼다고 한다. 미소한 곤충으로 태어나지만 노래를 들려줄 뿐 아니라 큰 가르침을 전해준다.

한 삶 위해 몇 겹의 허물을 벗어야 하나. 미완성일 수밖에 없는 미물이기에 부족함을 안고 산다. 자신의 단점은 돌보지 못하면서 다른 이의 티만 크게 취급한다. 마음에 들지 않는 나를 바라보아야 하는 일상이다. 자연을 보고 읽으며 깨달음을 얻으려 한다. 푸르던 나뭇잎도 빛나는 색을 입지만 바래지고 떨어지면 거름이 된다. 모나지 않은 몽돌이 하루아침에 만들어지지 않는다. 수많은 부딪힘의 세월을 보내야 보드라운 유선형이 되지 않는가.

타인을 위한 이해와 사랑은 허물벗기에서 시작될 것이다. 겸허하게 나를 돌아본다. 개안開眼 할 수 있다면 다행한 축복이리. 명오明悟가 열리기를 소망하며 오늘보다 나은 내일을 기대한다. 미미한 시작은 새로운 탄생으로 이끌어 주리니. 또 다른 나를 위한 부활의 여정이 되리라.

헤르만 헤세는 『데미안』에 "알은 세계다. 태어나려는 자는 한 세계를 파괴해야만 한다."고 썼다. 늘 노래하는 삶은 아니더라도 참을 수 있는 존재의 가벼움 위해 다시 성찰하는 시간을 마련해야겠다. 뜨거운 여름 시원한 매미 외침이 새롭게 들린다.

낙타의 눈빛

낙타 일생은 고독과 그리움이 묻어있다. 긴 속눈썹 아래 커다란 눈에서 금방이라도 눈물방울이 떨어질 것만 같다. 소의 눈도 그렇고 말, 코끼리 눈망울도 슬픔을 담아놓은 것만 같다. 무거운 짐을 마다않는 한 생. 인간을 위해 평생 말없이 순종하는 가축 일생은 숭고하다.

뜨거운 사막에서 무거운 짐을 날라야 하는 짐승으로 태어나고 싶지는 않았을 것이다. 인간과 함께하는 생生이지만 평생 힘들고 고달픈 시간으로 점철되어 있다. 낙타는 왜 태어났을까, 무엇을 위해 사는 것일까, 오아시스를 찾아가는 길일까.

다행이라 여겨야 한다는 말조차 조심스럽다. 그들은 사막에서 생존할 수 있는 최적의 조건을 지녔다. 끝없이 모래만 보이는 뜨거운 사막을 횡단하는 여정에 가장 중요한 것은 지치지 않는 힘일 것이다. 낙타는 한 달 이상 물을 먹지 않고도 살 수 있다. 긴 나날 사용할 수 있는 힘 저장소도 있다. 등에 나 있는 혹이다. 그 안에 예비로 사용할 수 있는 지방이 들어 있다. 혹이 하나 있는 것은 단봉낙타, 두 개는 쌍봉낙타다. 며칠 동안 먹이를 섭취하지 않아도 활동할 수 있는 에너지가 축적되어 있다. 양식이 거의 없는 사구砂丘에 가시덤불과 동물의 뼈로 유용한 지방을 축적해 둔다. 함부로 달리지 않고, 쓸데없이 헐떡이며 에너지를 낭비하지 않는다. 좋은 조건을 가지고 태어남이 오히려 지치고 힘든 삶이 되기도 한다.

낙타 몸뚱이는 식용으로, 젖은 음료로, 털은 직물에, 배설물은 화력으로 사용한다. 사막을 건너는 이나 유목민에게 없어서는 안 될 중요한 가축인 셈이다. 인간이 운송수단으로 낙타를 선택한 이유이기도 하다. 온몸과 생을 통틀어 희생하는 삶이다. 참으로 위대하다. 신이 인간에게 내려준 선물이 아닐 수 없다.

늘 그렇진 않지만 산통 끝에 태어난 새끼에게 젖을 물리지 않을 때가 있다. 배고픈 아기 낙타가 다가와 젖을 찾으면 발길로 차기까지 한다. 그때 조상대대로 이어져오는 해결책, 마두금을 들려준다. 그 소리는 마치 바람 속에서 울부짖는 낙타의 울음 같다. 평생 사막을 달리며 외치고 싶었던 가슴속 응어리를 토해내는 듯한 외침으로 들려온다. 한낱 동물이지만 악기 소리를 듣고 뜨거운 눈물을 흘리고 만다. 그 모습 또한 인간의 가슴을 울린다. 바다에 사는 물고기, 산에 자라는 나무, 많은 동물 그 곁에 살아온 인간은 본래 하나 아니었던가. 함께 눈물을 흘리지 않을 수 없다. 늘 말이 없지만 음악을 들을 줄 아는 동물이지 않은가. 안아주고 싶다. 마침내 자식을 받아들이는 어미 낙타. 일상의 노역으로 지쳐있는 데다 그보다 더한 고통 속에 분만한 새끼를 돌아볼 마음이 잠시 사라졌는지도 모른다.

시인 조병화는 〈낙타의 울음소리〉에서 고통을 토해내는 낙타를 그렸다.

> 아, 세상에서 이처럼 / 처량한 울음소리가 또 있으리 / 가슴 찢어지는 슬픈 울음소리가 또 있으리 / …… / 낙타는 타는 사막 모래 위에서 / 채찍을 맞을 때마다 소리쳐 / 아 — 악, 아 — 악,

울음소리만이 그가 토해낼 수 있는 유일한 언어라니…. 끝없는 먼 길을 가르며 표현할 수 있는 한 마디가 울부짖음이어야 하는 생生. 아프다고 외치는 슬픔을 어떻게 가슴안으로 들여야 하나. 심장이 눈물로 가득해져 일어서기조차 힘들다.

언제 모래 폭풍이 스쳐갈지 어느 때 돌개바람을 마주할지 모르는 삶이다. 그저 천천히 조금씩 저 먼 곳 향해 조용히 한 걸음씩 내디딜 뿐이다. 예상치 못해 속수무책으로 겪어야 하는 커다란 어려움과 외로움은 그냥 받아들이고 품어야 한다.

우린 모든 것을 수용하는 낙타 마음을 헤아릴 수 있는 혜안이 있기나 한 걸까. 일상에 찾아오는 작은 일 앞에 인생은 고

해苦海라며 휘청거릴 때가 얼마나 많은가. 낙타에 비하면 정말 호사스러운 삶을 살고 있다. 맘껏 골라 먹고 좋은 옷 입으며 따스한 집에서 기거하면서 말이다. 그 고마움을 터득하지 못한 채 더 많이 소유하고 더 높은 곳을 지향한다. 지금 여기가 행복터인데 저 먼 곳에 초록 잔디가 있을 거라며….

슬픔이 구름처럼 몰려와도 침묵으로 받아들일 줄 아는 낙타라는 동물. 그 고요한 눈빛에서 읽는다. 타인의 삶을 보듬을 수 있는 마음의 정 내밀어 보라고. 가까이 있는 이에게 마음을 내어주는 일을 사리며 살고 있지는 않은지 돌아보라고. 곁에 있는 이와 등에 진 짐을 나누어야 한다는 간절한 울림이 가슴을 두드린다.

외로운 낙타는 스쳐가는 바람의 말 영롱하게 빛나는 별빛의 다사로운 위로로 드넓은 사구를 묵묵히 걸어갈 수 있는지도 모른다. 온 몸과 마음, 영혼까지 모두 주려 작은 인간에게 다가온 큰 친구다.

오솔길 따라

길은 인간의 발자취로 만들어진다. 산기슭에 사는 덕에 자주 뒷산으로 산책을 나간다. 앞서 고불거리는 길을 따라 걷다 보면 어느새 친구가 된다. 보드랍게 이어진 길이 정겹게 다가온다. 돌아보면 나를 따라오기도 한다.

숲길은 자동차가 달리는 도로와 아주 다르다. 대로에는 차들만 달린다. 운전할 땐 앞만 보아야 한다. 들리는 소음, 뿌연 매연으로 가득하다. 높아가는 빌딩으로 사람은 점점 더 작아진다.

오솔길은 앞뿐만 아니라 뒤, 옆도 바라보며 찬찬히 걸을 수 있다. 힘들다 싶으면 멈췄다 가면 된다. 발걸음 향하는 대로 길이 된다. 자유의 길이다. 산책자가 주인공이다. 작은 새의 조잘거림이 귀를 간질인다. 따스한 햇살은 어깨에 앉아 혼자인 나그네를 위로하듯 따라온다.

숲길은 고샅을 닮았다. 골목길 걸으면 사람 사는 이야기가 들려온다. 낮은 울타리 너머 앞마당엔 꽃들이 수런거린다. 구수한 된장찌개 냄새도 솔솔 풍긴다. 그러하듯 나무마다 제각기 다른 이야기가 달려 있다. 어디선가 날아온 새와 대화하노라면 따스한 온기를 느낀다. 처음 찾아와도 낯설지 않다. 여기는 모두가 친구다. 그저 정겨운 시간이 흐를 뿐이다.

길가엔 매일 다른 그림이 그려져 있다. 하루라도 거르면 숲속 동무들이 조잘조잘 말을 건넨다. 발길에 차이는 돌멩이, 조그마한 잡초, 어정쩡 서 있는 큰 나무도 반갑다. 아직도 나뭇잎을 달고 서걱이는 떡갈나무가 알은체하며 바스락거린다. 내일 다시 만나자는 손짓인가. 못 이기는 채 고개를 끄덕이며 미소를 보낸다.

무심코 한 걸음 내딛다 보면 우늠지 실어시듯 생긱길이 지리난다. 이것, 저일, 돌아보며 사유 길로 들어서기도 한다. 자연의 섭리를 인간은 가늠할 수 없다. 신비와 경이로운 진리로 가득해 오독誤讀하기 일쑤다. 그 깊은 의미에 더 가까이 다가가고 싶다.

녹록지 않은 생이라는 길, 오롯이 혼자가 되는 시간이 필요하다. 하염없이 걷다 보면 어느 사이 얽힌 생각 나래도 풀려간다. 마음이 새처럼 가벼워진다. 하루 중 이 속에 잠시 머물 수 있음이 얼마나 큰 축복인가. 좁은 길 위에서 마음결이 저절로 펴진다.

사람 사이로 가는 길도 오솔길을 닮았으면 좋겠다. 직선으로 던져진 말은 단절되기 십상이다. 무슨 뜻인지 해석할 여유가 없다. 너무 가까이 날아온 펀치에 놀란 토끼가 된다. 겨울나무처럼 뻣뻣해진 몸은 자칫 부러질 수 있다. 말은 숲길 닮은 곡선으로 나아가야 한다. 솔바람도 불고 따스한 햇살 같은 온정이 담겨야 부드럽다. 말 한마디로 천 냥 빚도 사라지는 기적을 이룰 수도 있지 않은가.

직선보다는 곡선에 아름다움이 스며있다. 별을 향해 날아가는 우주선도 곡선으로 만들어졌다. 자동차도 우주선을 닮아가고 있다. 만물의 영장 인간도 여인(女人)이 아름답지 아니한가. 자연을 닮은 건축을 추구한 스페인 건축가 가우디(Antoni Gaudi)는 말한다. "직선은 인간의 선이고, 곡선은 신의 선이다." 라고.

곡선으로 가는 마음 길을 내어야겠다. 고운 밭에 예쁜 꽃들이 피어날 수 있듯 부드러운 가슴밭에 말랑말랑한 언어의 싹이 잘 자라날 수 있으리니. 바람결에 들릴락 말락 한다. 오소오소 오소서, 오솔길로. 어서 어서 가려오, 그 숲길로. 그 길 따라 가는 시간, 설렘이지요.

나의 소확행

창을 열면 온통 초록이다. 계절의 여왕 오월은 왕관을 쓸 만하다. 경계 없이 날아다니며 노래하는 새들의 자유는 아름답다. 세상에 없는 노래를 전해주는 그들과 함께 하루를 시작한다. 쉼 없이 피어대는 꽃들은 초록 안에서 찬연(燦然)하다. 어떤 빛으로 난 그들과 하나될 수 있을까.

따뜻한 햇살을 받으며 차를 마시고 있을 때였다. 문명의 이기 저편에서 문자음이 울린다. 한동안 연락을 하지 않던 친구다. 그녀가 그린 글자를 바라본다. 자연과 다른 규칙의 연속으로 의미를 전달하고 있는 휴대폰 안엔 "오늘 만나고 싶어." 한 문장에 뭉게구름이 흘러간다. 마음도 두리둥실. 오늘은 어떤 날이 될까. 외출 준비를 한다. 늘 한가했던 아침과 달리 바쁜 하루가 시작된다. 즐거운 바람이 가슴에 일렁인다.

요즈음 디지털 사회에 적응해야 하는 삶은 녹록지 않다. 기성세대뿐 아니라 젊은이들도 마찬가지다. 빠르게 변화하는 시대 흐름에 적응하느라 숨이 막힐 지경이다. 사람들은 이제 원시시대로 귀환하고 싶어하는지도 모른다. 슬로 라이프를 추구하는 사람들이 많아졌다. 우리나라 많은 젊은이들이 이른 귀농을 선택하는 이유이다. 도시 아이들 교육방식도 과감히 버린다. 푸른 초원에 자유롭게 풀을 뜯도록 풀어놓은 양들이 자유롭고 평화롭지 않은가. 아이들도 자연 안에서 바람을 느끼며 마음껏 뛰놀 수 있다면 감성 주머니가 자라나지 않을까. 이러한 현상은 우리나라뿐 아니라 세계적인 경향이다.

일본에서는 와비 사비(Wabi-sabi) 삶을 추구한다. 비세속적이고 한적한 삶이다. 와비는 현실적인 삶에서 벗어나 단순하고 완벽하진 않아도 본질적인 삶을 추구하는 것. 사비는 오래되고 낡은 것에서 정취를 느끼는 미의식이다. 사람들은 이제 물질적 풍요보다 정신적 평온을 찾고 있다. 부족해 보이지만 남들에게 비치는 삶이 아닌 개인의 고유한 삶을 추구한다.

덴마크는 살기 좋은 행복한 나라로 꼽힌다. 행복의 기준을 인간관계의 따스함과 친밀함에서 찾기 때문이다. 물질만능주의로 치열한 경쟁 속에서 살아야 하는 그곳 젊은층도 이제 휘게(hygge) 라이프를 받아들인다고 한다. 휘게는 '포옹하다, 받아들이다'라는 말이다. 아늑함과 편안함도 들어있다. 그들은 작은 것에 감사하고 만족하며 물질에 얽매이지 않고 단순하게 살아가려 한다. 사람들과 따뜻한 차를 마시며 그 시간 안에서 안온함을 만끽하는 것이 휘게의 삶이다. 소박한 삶을 중요하게 여겨 행복지수가 높은가 보다.

오랜만에 만난 그녀의 표정이 환하다. 말린 목련을 들고 달려왔다. 꽃 지기 전 한 송이씩 따서 말렸다며 꽃잎들을 내민다. 이전에 수필집을 받고 소녀처럼 기뻐한 적이 있다. 그 책을 읽으며 만날 날을 기다렸다고 한다. 꽃잎 하나씩 열어가며 하가

로움도 펼쳤을 그녀의 시간을 그려본다. 전에는 얼굴에 알 수 없는 회색빛 구름이 드리워져 있었다. 오늘 그녀 마음속에 평화로움이 가득해 보인다. 내 마음도 덩달아 환해진다.

꽃차를 선물로 주기 위해 찾아온 친구와 정겨운 하루를 보냈다. 차를 마시며 기쁨을 함께 나눌 수 있는 만남이 더욱 소중해진다. 초스피드로 돌아가는 지구의 시간이 멈춰진다. 삶은 거창한 것이 아니라 꽃잎을 말리는 시간을 갖는 것이 아닐까. 그 안에 담겨있는 꽃미소를 바라보며 꽃물이 들도록 오래 바라보는 그런 시간. 소소하지만 확실한 행복을 가져다주는 일 말이다. 그래서 목련꽃처럼 맑은 시선으로 세상을 바라볼 수 있을 것이다.

삶에는 그냥 마음을 편안하게 해주는 일들이 많다. 숲속 나무 아래에서 책을 읽거나 음악을 들으며 한없이 앉아 있는 일. 밤하늘에 빛나는 별을 마냥 바라보노라면 평온함에 푹 파묻힌다. 그러한 순간이 나를 행복하게 한다.

노을을 바라보며 산책하는 시간이다. 저녁이 되면 나무들 향이 더 짙게 뿜어져 나온다. 내일로 건너가는 이 순간이 참 좋다. 빠르게 달려가는 세상 시계에 발맞출 필요는 적어진다. 천천히 걸으며 내 곁에 풍경을 바라보는 시간을 갖는다. 사랑하는 사람 그리운 이들을 떠올려 보기도 한다. 자연 이야기에 귀 기울이며 내 마음도 들여다보고 싶다. 그 안에 있음이 행복이다. 그 시공은 내가 숨쉬고 꿈꾸고 가슴을 활짝 여는 곳, 나의 사랑이 풋풋하게 머무는 곳이다. 가슴 안에 작은 것들을 위한 시詩를 지으며.

촛불

한 송이 불꽃인가. 쉼 없이 하늘거린다. 심지를 싸고 있는 빛 차림, 주변을 빛으로 가둔다. 고유한 생명력을 품고 있는 듯 불은 살아있다. 촛불 앞에 서면 눈을 맞추고 자연스레 마음을 모으게 된다.

원래 조용히 머물고 싶은 바람이 있었는지도 모른다. 우주를 흡수할 것 같은 고요함으로 인도하는 힘을 지닌 빛기둥. 빛 속의 빛으로 이끈다. 경건해지는 마음, 침묵으로 이끄는 빛을 따라간다.

촛불은 빛으로 말하는 언어다. 늘 조용히 부드러운 말을 건넨다. 마음을 열게 된다. 어두운 영혼을 밝히는 말 없는 소리. 촛불 노래를 들어야 할지니. 마음속 기쁨과 더불어 아픔과 어둠까지도 껴안을 수 있는 빛의 힘은 어디서 오는 걸까. 한 줄기 작은 빛은 넓은 세상을 밝혀준다. 어둠 속에서 더 빛을 뿜는다.

일상에 종종 찾아오는 기쁜 일을 축하하기 위해 초를 밝힌다. 신에게 기도드릴 때도 마찬가지다. 우리에게 촛불의 의미는 바로 간절한 마음 아닐까. 세상을 향해 퍼져가는 빛으로 축하를 하고 슬픔을 보듬는 건 아닐까. 빛 안에 보이지 않는 힘이 담겨있다.

세찬 바람이 밀려오면 꺼지지 않으려 안간힘을 쓴다. 인간에게 밀물처럼 밀려오는 슬픔을 견뎌야 하듯. 까맣게 타는 안타까움은 그을음으로 뿜어져 나온다. 아프다는 신음 대신이지 싶다.

자신의 몸을 태워 타인의 내면을 밝혀주는 촛불은 숭고하나. 우리는 서로 빛의 존재가 되어야 함을 일러준다. 다른 사람의 아픔을 삭이는 빛이 될 수 있다면 그보다 값진 생이 또 있을까. 빛 속의 따스함으로 마음속 빙하를 녹일 수 있기를 기도해야 하리라.

이제 조용히 촛불을 끈다. 가녀린 빛은 한 줄기 하얀 바람이 된다. 끝없이 마음길을 이끄는 영혼의 길일지도 모른다. 끊어질 듯 이어지는 연기가 가뭇없이 사라져간다. 마음이 따라간다. 그 여운 속으로….

그 한 마음 / 바람 부는 대로 흔들리며
햇살 쫓아가는 해바라기처럼 / 그리움 따라가는 빛의 길
홀로 어두움 삭이며 / 자신을 태우는 빛 소리만 / 온 밤에 가득
눈물 떨어뜨리는 순간마다 / 시詩가 되고
늘 너울거리나 / 심지 굳은 한 생이리니

제2부

어린 왕자에게

올림과 울림

블루 & D장조

천년을 품다

또 다른 세상

우리는 파라다이스로 간다

생각의 길

어린 왕자에게

'어린 왕자에게'는 나의 일기장 이름이다. 하루에 한 번 그에게 고백을 하겠다고 약속했다. 티 없이 맑은 왕자를 닮고 싶기 때문인지 모른다. 마음이 맑은 그의 가슴에 하루 이야기들을 그려본다. 세세한 일상뿐 아니라 자연 신비가 가져다 주는 경이를 함께 나눈다. 때로는 비루할 수밖에 없는 삶의 순간까지 전한다. 왕자는 그러므로 내 인생에 빠질 수 없는 동반자인 셈이다. 하루를 건너며 찾아가는 유일한 친구다.

비밀상자 저 깊은 곳에 아직도 몇 권의 낡은 노트가 들어있다. 일기 쓰기는 초등학교 때부터 시작되었다. 지금 남아있는 가장 오래된 일기장은 중학교 때 쓴 것이다. 아마도 사춘기를 보내던 시기일 게다. 그때 무슨 생각을 했을까. 무엇이 중요했을까. 궁금해 가끔 들여다본다. 많은 날들 늘 나를 향해 있었다. 나는 누구인지. 고갱이 그린 것처럼 어디로 와서 어디로 가고 있는지가 화두처럼 늘 따라다녔다. 신기한 것은 지금도 마찬가지라는 점이다. 답이 없는 질문을 찾는 무대 위 어설픈 배우이기 때문일 게다.

마지막 일전을 앞둔 투우장 소에게 잠시 쉴 곳을 마련해 준다고 한다. 목숨을 건 결투장 한 모퉁이에 피난처로 마련해 놓은 곳, 케렌시아(Querencia)다. 일기장은 케렌시아 같은 쉼터다. 내일을 맞이하기 위해 몸과 마음을 쉴 수 있는 재충전의 시공이다.

하루를 어떻게 보냈는지 중요하지 않다. 모든 게 다 허용된다는 밀약은 영원히 유효한 계약이기 때문이다. 일기장을 마주하는 시간은 무중력 같은 곳이라 할 수 있다. 마치 태내 같은 시공 속에서 나는 잠시 아기가 될 수 있는지도 모른다. 깊은 바닷속을 유영하듯 영혼이 힘겨울 때 찾아가는 아슈람 같은 곳에서 매일 같지만 다른 나를 만난다.

기도하는 마음으로 조용히 하루를 바라본다. 자연은 순리와 섭리를 거스르지 않는다. 아름다운 조화를 이루며 살아가는 모습을 보여줄 뿐이다. 생명력 가득한 그들 세계는 쉼이 없다. 흐르는 냇물 같은 소리와 이야기를 끊임없이 들려준다. 하늘에 구름이 흘러가고 바람이 나무에 기척을 보낸다. 새들의 세레나데 한 소절에도 위로가 되어 기쁘고 행복한 마음터가 된다. 세상이라는 간단치 않은 나라에서 존재할 수 있는 힘을 얻는다. 고단한 하루를 보내는 이에게 희망이라는 꽃도 피게 해준다.

하루를 마무리하는 시간에 찾아오는 노을은 언제나 내 마음을 빼앗는다. 태양은 마지막 순간까지 혼신의 힘을 다해 빛을 뿜는다. 하염없이 바라보노라면 경이로움에 넋을 놓는다. 빛으로 마음속까지 물들일 수 있는 저녁을 참 좋아한다. 어린 왕자도 해 지는 광경을 좋아하여 의자를 마흔네 번 옮기며 보았다. 슬플 때 더 좋아진다는 마음에 폭풍 공감했다. 형용할 수 없는 빛의 향연이 펼쳐질 때면 인생은 아름다운 것 아니냐고 영혼에 되뇌기도 한다.

낮과 달리 밤의 빛은 맑고 푸르고 시리다. 신비함이 서려 있다. 고요한 세계로 인도해 준다. 수억 광년이 지나야 만날 수 있는 별빛도 그리 멀지 않게 느껴진다. 나를 바라보고 있다는 위안 때문일까. 내 눈은 밤이 되면 더 반짝인다. 내 안으로 이끌어주는 시간, 맘껏 상상의 나래를 펴게 해준다. 어쩌면 별들이 내 슬픔을 가져갈지도 몰라.

The King's Singers가 부르는 「당신은 새 날(You are the New Day)」이라는 노래처럼 모든 날을 새날같이 맞이하고 싶다. 내일 아침은 생에 처음 맞이하는 날이 아닌가. 이제 나의 노래를 부르며 살아가고 싶다. 꿈과 사랑을 안고 자유 날개를 퍼덕이며 우주를 여행하려 한다. 어린 왕자가 머물고 있는 미지의 세계를 향해 날갯짓하며 '나'라는 소우주에 어떤 내가 있는지 찾아보련다.

미시의 날은 새 꿈을 꿀 수 있는 시간이다. 지금 이 순간 바람은 남은 길 순수로 가는 일이다. "중요한 것은 마음으로 보라."는 소중한 친구를 닮아야겠다. 저 머언 곳에서부터 반짝이며 오는 빛을 바라보며 오늘이라는 시간을 그리는 순간만큼은 마음이 호수처럼 고요해지기를, 새 마음으로 내일을 맞이하기를 희원한다.

가늠할 수 없는 대우주 안에 머물렀던 소우주 발자국들을 돌아보는 시간. 모래 위 가뭇없이 새겨놓는 파도 속삭임처럼 흘러가는 시간과 지워져 버릴 이야기를 그리는 시간이 무無가 될지라도 나는 행복하다. 별 꿈을 꿀 수 있으니.

올림과 울림

올림은 울림이다.

저 하늘 위로 솟아오른 건물의 아우라는 신비롭다. 붓 끝이 하늘 향한 모양으로 세워져 있다. 건물이기보다는 한 예술작품 같다. 외벽은 도자기 색을 닮은 고운 비췻빛이다. 인간이 추구하는 형상은 저렇게도 만들어질 수 있는 것인가. 무한한 창의력이 놀랍기만 하다. 소중한 꿈의 결정체는 우리 곁에서 별처럼 오래 빛을 뿜어줄 것만 같다.

지인이 알려주어 알았다. 오늘은 나도 잊은 내 생일이라는 것을. 그녀는 "우리 높은 곳에 가 자축해요." 글 짓는 사람은 많은 것을 경험해야 한다면서 손을 잡아끈다. 그녀의 생일은 내일이다. 그 마음이 따스하게 전해온다. 외출 준비하며 얼굴에 즐거운 음표를 그려 넣는다.

이제 지금까지의 삶과는 다른 시간을 맞이하고 싶은 마음이 일렁인다. 침체해 있던 일상에 단조보다는 장조 음들을 그리고 싶다. 누구나 한 생에 슬픔과 행복의 길이는 동일하다고 했던가. 지난했던 시간만큼 행복의 순간도 주어진다는 말에 위안이 된다. 편안한 발걸음으로 출발했다.

멀리서만 바라보았던 월드타워, '더 스카이'에 입성하는 줄은 길었다. 미로 같은 길을 따라 엘리베이터를 타러 간다. 흐르는 음악에 발걸음 맞추며 조금씩 앞으로 나아갔다. 입구는 깨끗하고 정갈하며 고급스러웠다. 마음은 벌써 구름을 탄 기분이다. 환상의 나라로 향하는 길로 들어선 느낌이다.

세계에서 가장 높은 빌딩은 두바이에 있는 부르즈 할리파다. 800미터 높이의 163층. 브르즈는 아랍어로 탑이라는 의

미이고 할리파는 아랍 에미리트 대통령 이름 할리파 빈 자이드 알나하얀에서 가져왔다고 전해진다. 모래바람 가득한 곳에 초고층 빌딩과 인공호수까지 건설할 수 있다니. 사막 위의 기적이다. 지금은 그보다 더 높은 빌딩을 짓고 있다. 우리나라 스카이 빌딩 순위가 밀려나고 있는 이유다.

인간의 도전은 끝이 없나 보다. 무에서 유를 창조하는 끝없는 에너지는 어디서 오는 걸까. 세계 칠대 불가사의 중 하나인 피라미드를 세운 역사도 놀랍기만 하다. 사람의 힘으로 이뤄냈다고 상상할 수 없는 거대한 구조물이다. 어떤 가치와 의미로 그토록 높고 크게 세웠을까. 지금도 그 수수께끼를 풀기 위해 다양한 연구를 하지만 아직도 정확히 밝혀지지 않았다. 단지 추측할 뿐이다. 알 수 없는 미지의 영역은 도전과 창조로 이뤄진다. 인간의 바람 한계는 없어 보인다.

드디어 123층에 이르는 엘리베이터 앞. 심호흡을 하고 조심스레 한 걸음 떼었다. 설렘과 떨림으로 가득한 채 탑승했다. 안내원이 117층 오르는 데 1분 걸린다고 알려준다. 얼마나 놀라운가. 그 높은 곳을 오르는 데 단 1분이라니. 도저히

믿기지 않았다.

엘리베이터 안은 화려한 색과 빛으로 찬란하다. 우리 역사에 관한 여러 가지 그림이 나타났다 사라진다. 음악과 함께 설명을 곁들였지만 귀에 잘 들어오지 않았다. 올라가는 것일까, 멈춰 있는 것일까, 생각하는데 벌써 도착했단다. 일 분이 꿈결처럼 순식간에 지났다.

쿵쿵거리는 가슴으로 117층에 내렸다. 사방 모두 유리창이다. 살금살금 창으로 다가가 조심스레 밖을 내다본다. 저 아래 보이는 시내가 아득하다. 마치 조그만 그림 같다. 멀리 한강과 남산 타워가 보인다. 수많은 건물과 아파트가 올망졸망 모여 있다. 거리는 길을 따라 가지런히 줄 맞춰져 있다. 그 사이로 성냥갑 같은 자동차들이 이리저리 쉼 없이 움직인다. 모든 건축물이 도시 숲에 자라는 나무 같다. 사람과 공존해야 비로소 숨을 쉴 수 있는 공간으로 격상되는 것일지도 모른다는 생각을 해본다.

저곳에 인간의 일상이 들어있는가. 희노애락애오욕喜怒哀樂愛惡欲에 갇혀 사는 사람들 이야기가 들려오는 듯하다. 높은 곳에서 바라보아서일까. 인간의 생조차 아주 작아 보인다. 아무것도 아닌 일로 얼마나 많은 감정과 시간을 소비하며 미물로 살아가는가. 개미처럼 바삐 움직이는 나날들이 미소微小하게 여겨진다. 사람 마음은 머무는 곳에서 벗어나야 넓어지고 너그러워지나 보다.

바닥이 유리로 된 데크에 이르렀다. 맨 아래가 까마득하다. 1층부터 117층까지 다 보인다는 점이 신기할 뿐이다. 여기서 저곳까지는 얼마큼의 거리일까. 다른 부분과 달리 유리로 만들었다는 차이가 있을 뿐인데 선뜻 발걸음이 떼어지지 않는다. 올라서면 깨어져 떨어지지는 않을까. 다리가 후들후들. 조금의 시간이 흐른 후에야 용기를 냈다. 시선은 위를 향한 채 간신히 한 걸음 떼어본다. 모든 것은 가까이 다가가야 볼 수 있고 알 수 있으며 느낄 수 있다. 사람도 사물조차도 말이다.

저 높은 곳을 향하여 무어라고 쓰고 싶었을까. 하늘 바탕에 붓으로 그리고 싶은 희원은 무엇이었을까. 실용성과 경제 원리와 거리가 먼 모양으로 건물을 세운다는 일, 그리 흔치 않은 결정이다. 높은 곳에 두는 꿈은 영원히 아름답게 빛나리라. 아름다운 탑을 세운 이의 뜻이 숭고함으로 다가온다. 가슴에 울림을 안겨준다.

낮은 데로 내려와 작은 붓을 들고 언어를 모아본다. 어떤 순간에 난 그곳에 머물렀었네. 구름처럼 높이 떠 있었던 고공에서의 한순간, 내 생 한 찰나가 지나가고 있었지. 세월은 그렇게 흘러 나이테 하나씩 늘어나는 것일지니. 그 때 그 순간이 쌓여 인생이라는 하나의 탑이 세워지는 것이리라. 그렇게 하루하루가 모여 인생이라는 신기루가 건설되는 것은 아닐까.

그냥 높고 파란 하늘에 마냥 마음을 실었다. 하늘 향한 꿈 올림은 영혼에 스미는 울림이다.

블루 & D장조

그곳엔 시원한 바다가 펼쳐져 있었다. 영원한 푸르름을 담고 있는 블루(Blue). 「블루 & D장조」 전시는 파랑을 가장 좋아하는 나를 파도 소리 들리는 바다로 데려다 주었다.

전시장 문을 열고 들어서는 순간 음악이 제일 먼저 맞이해준다. 미술은 눈으로만 보는 거라 생각했던 선입견은 버려야 했다. 비발디의 첼로 협주곡, 모차르트의 피아노 소나타, 멘델스존의 무언가 등 클래식이 울려 퍼진다. "들리는 현대미술 보이는 클래식"이라는 부제처럼 파란색을 들어보며 D장조를 바라본다. 낯설지 않은 음악이 작품에 더 가까이 가게 해준다.

세상 모든 에너지는 고유 주파수가 있다고 한다. 파란색 전자 진동수는 587.3 THz, D음 '레'도 동일한 파동 587.3 Hz를 지녔다. 같은 음계로 하는 미술과 음악을 접목하여 공감각적 전시를 시도한 점이 인상적이다. 예술 작품에 과학적 접근도 신선했다. 블루의 미술 작품과 동일한 주파수 음 D장조 클래식 음악을 찾은 일이 놀랍기만 하다.

유명작가들 작품마다 블루가 가득하다. 블루는 신뢰와 믿음 조화를 상징하고 심리적으로 안정을 가져다주는 색이다. 주파수 파동 에너지는 몸과 마음에 영향을 미친다. 그런 점에서 치유의 전시라고도 할 수 있다.

오드리 햅번의 모습이 가장 먼저 눈에 들어온다. 진한 블루로 표현한 강형구 작가의 「Hapburn in Surprising eyes」다. 파랗게 칠해진 커다란 얼굴이 강한 인상으로 가슴을 향해 돌진하는 것 같다. 눈을 크게 뜨고 놀라는 표정이 시선을 잡아끈다. 그와 반대로 김환기의 「사슴」엔 가녀린 사슴 한 마리에 애달픈 블루가 안개처럼 서려 있다. 김춘수 작가의 「울트라마린(ultramarine) 1307」은 캔버스 전체를 파랑으로 물들였다. 마치 넓은 바다를 연상시킨다. 로버트 인디애나의 「러브」에서 발길을 멈춘다. LOVE(Blue faces Red sides)는 문자와 그림으로 표현된 사랑을 상징하는 세계적인 작품이다. 파랑과 빨강의 강렬한 대비로 간단치 않은 사랑을 표현할 수 있다는 점이 신기하기만 하다.

한 동영상엔 거대한 파랑새가 커다란 두 날개를 퍼덕이며 바다를 뚫고 나온다. 이이남의 「신 – 위대한 가족」이다. 새 한 마리가 바다 위로 솟아오른다. 파란 바다, 파란 하늘, 파란 새가 참 아름답다. 끊임없는 날갯짓은 관람을 마친 후에도 따라오는 영상이다. 거친 파도 위 저 높은 하늘 향해 꿈을 찾아가는 비상飛上일까. 우주는 모두 연결된 하나의 가족임을 상징하는 것일까.

바다를 닮은 블루 안에서 울려 퍼지는 D장조가 아직도 마음속에서 파도 소리처럼 출렁인다. 여름날만큼이나 뜨거운 열정으로 탄생시킨 작품들이 있어 삶은 때로 풍요로워진다.

아름다운 순간을 맞이할 수 있게 해주는 예술가들을 존경하지 않을 수 없다.

마음을 평온하게 해주는 작품 곁을 거닐며 더위는 잠시 잊었다. 소소한 일상에 작은 여유를 만끽했다. 힐링의 날이다. 그냥 흐르는 대로 시간을 보내다 음악이 담긴 푸름에 마냥 머무를 수 있었다. 영혼에 징을 울려주는 그런 순간, 삶의 폭을 조금 넓혀주는 찰나가 있다. 행복했다.

천년을 품다

때로는 만연한 일상에 우연한 행보로 기쁨을 얻는다. 이른 아침 양평 장에 가자는 교우 전화를 받았다. 특별한 일정이 없어 따라나섰다. 그녀는 그 마을에 종종 다니곤 한다. 장터 이곳엔 어떤 나물이 있고 저쪽엔 무슨 생선이 있는지 구석구석 잘 알고 있다. 싱싱해 보이는 갖은 야채 · 젓갈 · 떡뿐 아니라 옷 · 신발 · 모자 · 꽃가게 등 없는 게 없다. 부침개와 막걸리도 차려놓고 손님을 기다린다. 시장을 찾아온 사람들 발걸음이 가볍다. 홍에 겨워 오간다.

장 구경을 마치고 맛집에서 교우들과 식사를 하며 다음 행선지에 대한 이야기가 오갔다. 시간이 많으니 가까운 용문사에 들러보자는 의견이 모아졌다. 집에서 그리 멀지 않은 사찰이었는데 아직 가보지 못했다. 예전부터 가고 싶은 마음만 지녔었다. 즐거운 마음이 인다.

초입에 이르니 길가 기다란 개울에 물이 흐른다. 청아한 냇물 소리 들으며 올라갔다. 정겨웠다. 이 길을 걷는 사람은 누구나 그렇게 느낄 것 같다. 발걸음이 가벼워진다. 물길을 만든 사람은 어쩌면 스님 아닐까. 중생들 삶이 이렇게 물처럼 흘러 맑고 고아한 소리로 이어지기를 기원하는 바람을 담아서 말이다.

깊은 산이라 고송이 빼곡하다. 간간이 단풍나무 잎이 보인다. 다른 나무들은 모두 초록인데 빨갛게 물이 들고 있다. 수줍은 소녀처럼 여린 가지를 흔든다. 신선한 공기를 맘껏 들이쉰다. 세속에서 묻혀온 속진을 잠시나마 털어본다. 가슴 안으로 산속 맑음과 깨끗함, 시원함이 들어찬다.

절에 이르니 먼저 우리를 맞이하는 이는 어마어마한 은행나무다. 천 년이라는 세월을 품고 있는 고목이다. 원효대사가 세운 용문사 창건 해와 관련하여 산출한 나이라고 한다. 절을 짓고 중국을 왕래하며 가져다 심은 것으로 본다. 신라 마지막 임금인 경순왕 아들 마의태자가 나라를 잃은 설움을 안고 금강산으로 가다 심었다는 설과, 의상대사가 짚고 다니던 지팡이를 꽂고 갔는데 그것이 자랐다는 설이 있다.

전해지는 이야기는 중요하지 않다. 긴 세월의 역사를 안고 우직하게 서 있는 우람한 자태가 경이로울 뿐이다. 고개 들어 하늘 향한 높이를 따라가 본다. 눈이 부시다. 둘레도 아주 넓다. 세 사람이 팔을 벌려 안을 수 있을까. 이렇게 큰 은행나무는 처음 만났다. 무성한 초록 잎이 바람에 천천히 일렁인다. 천백여 년이라는 오랜 세월을 가늠할 수 없다. 한 자리에서 어떻게 이리 오래 생명을 부지하고 서 있을까. 저절로 숙연해진다. 세월을 드러내듯 거대한 뿌리가 땅 표면까지 뻗어 나온 채 자라고 있다. 여기저기 떨어진 노란 은행이 함께 뒹군다.

초록 순을 틔우고 꽃을 피워 열매를 맺으며 보낸 세월이 얼마큼의 시간인지 알 수 없다. 오랫동안 침묵으로 한 자리에서 살아가는 모습만으로도 인간의 존경과 찬사를 받지 않을 수 없으리라. 비바람 눈보라 마다않고 온몸으로 온 힘을 다해 버텨 온 생이었을 터다.

우연히 마주친 거대한 은행나무. 살아있는 생명체가 이렇게 위대해 보인 적이 있던가. 오가는 많은 이들이 고목 아래 겸허히 자신의 삶을 돌아보는 시간을 마련했을 것 같다. 그것만으로도 늘 그 자리에 서 있는 의미가 넘치리라. 바람이 일 때마다 무언으로 전하는 나무의 뜻이 울려 퍼진다.

또 다른 세상

연못 안이 술렁인다. 무슨 일일까. 무엇이 고요한 수면을 저리 일렁이게 했을까. 커다란 눈은 수면 위에 가 닿았다. 어딘가에서 시작된 물결 파동만이 말없이 너울너울 퍼져간다. 조금 있으니 이내 아무 일 없었다는 듯 연못은 다시 조용해졌다.

그때였다. 물속에서 무언가 하늘 향해 솟구친다. 꼬리를 흔들며 힘껏 오른다. 공중에서 춤을 춘다. 이어 낙하하며 내는 소리, 파다닥. 물 위에 커다란 물보라가 생겼다. 잉어였다. 환영 같은 그림은 금세 감쪽같이 사라졌다. 놀라움을 감출 새도 없이 물결 파장만이 고요히 멀리멀리 그려진다. 할말을 잊은 채 잉어가 남긴 짧은 순간을 떠올려 본다.

수면 위 세상이 궁금했을까. 미지의 바깥 세계를 향해 솟아오르는 용기는 도대체 어디에서 오는 것일까. 물속을 유영하는 것이 물고기 운명 아니던가. 생명의 위험에도 불구하고 튀어 오른 그 도전이 궁금해진다. 단지 위로 뛰고 싶은 심정 때문만은 아닐 것이다. 높은 하늘을 홀로 비행하는 갈매기 조나단 리빙스턴처럼 중요한 것은 빵 부스러기가 아니었나 보다. 물 밑에서의 탈출은 온 삶을 잃을 수도 있다. 그런데도 잉어는 지느러미 날개를 펼치고 허공을 향해 뛰었다.

생에 한 번은 시도하고 싶었는지도 모른다. YOLO(You Only Live Once)! 한 번뿐인 삶이므로 행복을 가져다 주는 가치에 자신의 전부를 던져도 좋으리. 평생 물속에서 살아야 하는 물고기지만 새로운 세상을 찾고 싶었나 보다. 아무것도 시도하지 않는 삶은 무의미함의 연속일 터이므로. 다른 세상을 보기 위한 그 몸짓이 아름답다. 다시 물속으로 되돌아가야 하는 운명이지만 다른 세계를 꿈꿀 권리는 누구에게나 주어지는 것이므로. 신세계를 꿈꾸는 자 또 다른 세상을 경험할 수 있으리라.

진정으로 원하는 것을 깨닫고 이를 좇아가는 것을 『연금술사』의 작가 코엘류는 "자아의 신화를 이루는 과정"이라고 했다. 잉어 점프는 자신의 신화를 이루기 위한 도전이 아니었을까.

때로는 새로운 시간 여행을 위해 요술램프 지니에게 주문을 건다. 별이라는 빛나는 비행기를 타고 우주를 날아보고 싶다고. 빗자루를 타고 날아다니는 『해리포터』의 소년들처럼. 자유의 날개를 활짝 펴고 꿈꾸는 나라에 연착륙하는 꿈을 꾼다.

꿈을 위한 연금술을 찾기 위해 다시 서로書路를 따라나서야 할 것 같다. 남아있는 시간은 책을 벗삼아 지내며 내 곁 풍광들을 어린이처럼 그려보고 싶다. 세상은 지금 이상과 현실이 겹쳐지는 증강현실(augmented reality)이 도래했다. 소소한 일상에 가상이 담기는 그림 한 점 그려나 볼거나.

우리는 파라다이스로 간다

하늘이 맑다. 상쾌한 아침이다. 방학 동안 화요일마다 문우들과 모임을 갖기로 했다. 오늘은 여의도 부근 공원에 있는 '파라다이스'에서 모인다. 파라다이스라는 이름이 좋았다. 생이라는 길을 걸으며 모두가 가고 싶은 희망지는 아마 낙원인지도 모른다는 생각을 해본다.

초행길이라 지도를 보고 승용차 버스 지하철을 갈아타며 간다. 시골 아침은 시원했는데 서울은 정오가 되자 더워지기 시작했다. 약속시간이 다 되었는데 아직 미도착이다. 파라다이스로 가는 길은 그리 쉽지 않은가 보다. 마지막 탈것은 순환버스다. 승차했는데 출발할 기미가 없다. 결국 택시를 탔다. 의도하지 않았는데 육지의 교통수단을 거의 다 이용했다.

드디어 저만치 강가에 위치한 약속 장소가 보인다. 미지의 시간을 꿈꾸며 다가간다. 육지와 떨어져 바다 위에 떠 있는 작은 섬 같다. 풍차가 달린 레스토랑이다. 문을 여니 조용하고 아늑했다. 실내는 깨끗해 보이고 나직한 음악이 강물처럼 흐른다. 아직 이른 아침이어서 그런지 두어 명이 차를 마시고 있을 뿐이다.

반겨주는 문우들과 인사를 나누며 창가에 자리를 잡았다. 바다처럼 넓은 한강이 눈에 한가득 들어온다. 하늘은 높고 푸르다. 두둥실 떠있는 하얀 구름이 가까이 다가온다. 가끔 유람선이 지나간다. 어디로 가는 걸까. 내 마음도 실어본다. 한곳에 매여 있는 작은 보트들이 파도가 일렁일 때마다 찰랑인다. 맛있는 파스타를 먹으며 나누는 이야기가 양념이 되어 점심이 딜다. 마음 들이 소릿결을 탄다.

문文을 사랑하며 글을 짓고 싶은 이들 모임이다. 미완성이지만 준비한 대로 발표한다. 글 키가 자라도록 여러 합평을 나눈다. 고통의 시간을 보내고 쓴 흔적에 따뜻한 격려도 곁들인다. 이런 시간을 통하여 마음속을 튼다. 우리는 말로 다 표현할 수 없는 어떤 그리움을 그리고 싶어 쓰고 지우며 다시 그리는지도 모른다. 부족함을 깨달으며 가는 길은 쉽지 않은 수행이지만 행복한 순간도 주어지기에 다시 시작할 수 있다.

창 밖에 고추잠자리들이 비행을 즐기고 있다. 창 안이 궁금한지 기웃, 갸웃한다. 말을 걸고 싶은 겐가. 유리창에 부딪힐 것만 같다. 하늘 향해 솟구치다 곧 바로 하강하는 묘기도 보여준다. 하염없이 바라보노라니 마음이 평온해진다. 물결에 저절로 흔들리는 배처럼 행복한 마음이 출렁인다.

삶의 길을 걷다 보면 실낙원에 머물 때도 있고 어두운 터널을 지나 복낙원에 다다를 수 있는 날도 맞이한다. 일체유심조라 했던가. 마음속 낙원은 스스로 만드는 것이 아닐까. 멋진 성에서 하루가 지나간다. 또 다른 만남을 기약하며 다음을 기다린다. 강 위에 스쳐 가는 갈바람이 마음을 두드린다.

생각의 길

밤새 뒤척였다. 이른 아침 휑한 눈으로 창문을 여니 나무 사이 안개가 자욱하다. 긴 밤 내게 머물렀던 알 수 없는 생각을 닮았다. 미세한 물방울이 모여 뿌연 수묵화가 그려졌다. 나무와 나무 사이 경계가 모호하다. 나뭇잎은 하얀 연무에 젖은 채 고요를 품고 있다.

생각은 생각을 낳는다. 보이지 않은 사념이 마음을 점령하는 힘은 가늠할 수 없다. 잠을 설치게 하고 때로는 길을 잃게도 한다. 생각은 정말 필요한가. 생각은 생각할 시간 없이 생각마다 실 같은 길이 수없이 이어진다. 갈 길이 있고 가지 않을 길이 있다. 미약한 마음은 길마다 기웃거려 혼미해진다.

사고思考의 도랑은 이 지구에 그려져 있는 길보다 더 기다랗지 않을까. 하루를 보내는 동안 참으로 많은 사유思惟가 가슴을 지나간다. 바람처럼 머물다 바람처럼 스쳐 간다. 생각과 감정 색으로 여러 그림을 그린다. 그림은 이야기가 된다. 바라보고 지우며 수정도 한다. 울다 웃고 웃다 운다. 그렇게 생生이 지나간다.

생각과 감정은 존재하지 않는 상상의 이미지일 뿐일지 모른다. 존재한다 해도 잠시 머물다 가버린다. 잊히기도 한다. 시간의 마차를 끌고 가는 수레바퀴 자국에 따라 또 다른 그림이 그려지기 때문이다. 일상은 그러한 시간의 연속이다. 흐르는 물처럼 살아야 하는데 거스르니 에너지가 고갈된다.

마른 영혼으로 길을 나서면 푸른 하늘과 산, 너른 들판이 맞아준다. 새 노래, 시냇물 도란거림이 귓가에 음악이 된다. 저녁 바람 불어오면 그리움 일게 하는 노을과 별이 가슴안으로 다사로이 다가온다. 그럴 때면 온통 행복해진다. 생각을 바르게 펴주는 벗들이다.

흐르는 시간은 시시각각 다른 풍경을 만들어 준다. 초록빛 나뭇잎은 다양한 색으로 물들어가다 시든다. 참을 수 없는 존재의 무거움일까. 땅 위로 핑그르르 떨어지고 만다. 가을이 가고 있다는 의미다. 머잖아 겨울이 다가올 것이다. 쉼 없는 시침은 우주를 변화시킨다. 나라는 존재도 어제의 내가 더이상 아니리라. 차라리 다행이다. 한 생각에 오래 머물지 않아도 될 터이니.

자연은 늘 아포리즘(aphorism)을 건네는 스승이며 벗이다. 겸허한 마음으로 우주를 바라보며 기도한다. 거룩한 신비를 찬미하게 하소서. 그들처럼 풍요로운 마음으로 세상을 품게 하소서. 물처럼 자연스레 흐르는 생각의 길이 이어지게 하소서. 그 모두를 사랑하게 하소서.

태양은 새 날마다 새롭게 빛난다. 내게 들어오는 생각에 고운 빛이 들었으면 좋겠다. 마음에 빛을 가득 넣으며 맑은 생각길로 한 걸음씩 더 나아가야 하리. 밝음과 순수로 개안開眼할 수 있도록. 그런 순간만큼은 마음 고랑 터 가며 생각의 결을 곱게 펼 수 있지 않을까. 새처럼 자유로이 비상할 수 있을지도 모른다. 높이 올라 넓고 깊게 보고 싶다. 온갖 잡념에서 벗어날 수 있으리라. 고요가 깃들게 해줄 터이다.

남은 날들 마음의 씨실과 날실 곱게 지어가는 시간이 되기를 바란다. 영근 생각은 행복지도를 그릴 수 있는 언어를 모을지도 모른다.

제3부

행복한 항해

매니큐어를 바르며

산책 예찬론

코로나 블루

설렘 안고

사랑과 인생(Love & Life)

선線 선禪 선善으로

들깨 향

행복한 항해

맨발인 채 요트 위에 한 사내*가 누워 웃고 있다. 머리 위로 선글라스를 올리고 맑고 순한 웃음을 보낸다. 마치 방문객을 환영한다는 듯하다. 맨발이지만 행복해 보인다. 혼자서 바닷길을 찾으며 지구 한 바퀴를 돈 남자다. 요트 하나 들고 지구촌에서 여섯 번째로 세계 일주에 성공했다. 그것도 삼무三無, 요트엔 동력이 없고 항구엔 정박하지 않으며 식량 보급 등 아무 지원 없는 무원조로 말이다.

이백여 일간 바다 위에서 살았는데 얼굴이 그다지 그을리진 않았다. 오히려 자연 선탠으로 남성미가 돋보인다. 그는 키다린 비다에서 바다를 만나 파도와 바람과 싸우고 마침내 바다를 품고 돌아왔다.

그와 함께 세계를 일주한 요트 이름은 '아라파니(ARAPANI)'다. 바다의 순우리말 '아라'와 달팽이의 '파니'를 합쳐 아라파니(바다 달팽이)라 지었다. 머나먼 바다 여행길을 홀로 떠나고자 했던 항해 의미가 담겨있다. 달팽이는 느리지만 쉬지 않고 멀리까지 혼자 이동한다. 불가능을 가능케 하는 바다 달팽이처럼 멀고 험한 바닷길을 완주하려는 희망의 표현일 게다.

길이 없는 바다 위에서 세계를 한 바퀴 돈 자취를 그려본다. 그동안 목숨을 잃을 뻔한 적이 한두 번이 아니었을 터다. 망망대해에 집채만 한 파도가 일고 강풍이 몰아쳐 생명이 위태로운 위기도 겪었다. 남극에서 흘러오는 빙하가 떠다니는 케이프 혼 바다는 일 년 내내 강한 바람과 높은 파도가 인다. 그곳은 '바다의 에베레스트', '선원들의 무덤'이라고 불린다고 한다. 지구에서 가장 험한 바다 중 하나로 알려졌다. 이곳을 요트로 통과한 사람에게는 '케이프 호너(Cape Honer)'라는 명예로운 호칭이 주어진다. 그는 한국 최초의 케이프 호너가 되었다.

연습 없는 인생이란 무대는 오직 한 번 주어진다. 태어나 이루고 싶은 꿈은 누구나 있게 마련이다. 꿈을 위해 노력하지만 모두 이룰 수 없다는 것을 우리는 알고 있다. 하지만 한번쯤은 추구하고 싶은 일을 도전해야 하지 않은가. 그것이 생명을 잃게 할지라도 말이다. 온전히 나로 존재할 수 있는 유일한 시간이기 때문이다. 그의 항해는 어쩌면 자신을 찾는 여정이었을지도 모른다. 그는 꿈을 품었고 도전하여 마침내 이뤘다. "새로운 것에 도전하면서 살아 있다는 충만감과 자유를 느낄 수 있었다."라고 했다. 멋진 남자다.

생명을 잃을 수도 있는 길을 스스로 선택한 이유를 생각하게 한다. 오십이 넘은 나이에도 불구하고 결코 쉽지 않은 항해에 도전하여 완주했다. 삶이 끝날 수도 있는 도전을 시도한 강렬한 이끌림은 무엇이었을까. 한 인간으로서 완전한 자유인으로 존재하고 싶었던 것은 아니었을까. 어제 오늘 그리고 내일도 혼자였지만 자기만의 방식으로 인생길을 이뤄가는 시간이었으리라.

삶의 항해 동안 설명될 수 없는 긴 터널과 맞닥뜨리기도 한다. 끝이 보이지 않는 고난의 시간에 빠질 때도 있다. 하지만 그 또한 지나가게 마련이다. 어두운 터널을 벗어나면 반드시 환한 빛이 기다리고 있다. 지나온 날들 모두 삶의 한 모퉁이다. 그 순간마다 의미가 담겨 있을 것이다. 중요한 것은 지금 여기 내가 선택하고 그 결정을 만들어 가는 과정이다. 미국 시인 존 그린리프 휘티어는 가장 슬픈 말은 "그때 그걸 해봤더라면(It might have been)."이라 했다. 네이든 스테어도 그녀의 시 「인생을 다시 시작할 수 있다면」에서 "나는 순간순간 하루하루를 의미 있게 살아가는 사람의 일원이 되리라."고 노래했다.

주변의 다양한 삶들을 바라보며 남은 생 뱃머리는 어디로 향해야 하는지 생각해본다. 따뜻한 마음의 향기를 낼 수 있는지, 바람 따라 풍겨나가는 덕이 있는지, 고운 사랑을 전할 수 있는지를 염두念頭에 두어야겠다. 그 시간이 나를 찾아가는 행복한 항해이기를 바라며.

벽에 붙어 있는 사진 한 장. 잔잔한 푸른 파도 위 조그만 요트가 구름처럼 두둥실 떠 있다. 평화로움이 가득하다. 요트는 언제나 그와 일심동체다. 끝없이 넓고 먼 바다에서 생사고락을 함께한 동지다. 이제는 긴 항해를 마치고 돌아온 이의 휴식처다. 늘 함께해 주는 친구다. 파도와 싸운 수많은 날들은 다 지나갔다. 지금이 어쩌면 그의 일생 중 가장 행복한 순간이 아닐까. 또 다른 꿈을 꿀 수 있으리니. 순풍 위에서 오늘도 선장은 웃으며 전한다.

"하루에 갈 수 있는 만큼 조금씩 행복을 즐기며 인생 항해하세요."

* 김승진 선장 — 모험가. 무기항 · 무원조 · 무동력 요트로 세계 일주.

매니큐어를 바르며

지하도를 걷고 있었다. 이른 아침이라 그런지 상점들이 대부분 닫혀 있었다. 한 곳만 유난히 조명이 환하다. 젊은 점원이 막 문을 열어 상품을 진열한다. 무심코 진열된 물건들을 바라보았다. 시를 배우러 가는 날마다 지나치던 곳이다. 다른 때와 달리 보이지 않던 예쁜 색들이 눈에 들어온다. 저마다 다른 색깔이 담긴 작은 병이 병정처럼 나란히 서 있다. 알록달록한 빛깔이 조명 아래 더욱 선명히 뿜어져 나온다. 다 예쁘다. 발걸음이 저절로 멈춰졌다.

가까이 다가가 본다. 크레파스에 없는 색이 참 많다. 갑자기 마음이 설렌다. 왠지 손톱에 바르고 싶어진다. 평소에 일어나지 않았던 마음이 동한다. 보물이라도 발견한 듯 눈을 떼지 못했다. 게다가 하나 사면 하나 더 준단다! 달콤한 유혹이다. 지금까지 손톱에 바르는 것에 대한 관심이 거의 없었다. 오랜만에 참 예쁜 소지품을 발견한 듯 가슴이 콩콩거린다. 화려한 매니큐어 색처럼 눈과 마음이 반짝인다.

어린 시절 울 밑에 봉숭아꽃이 터질 듯 통통해지면 엄마는 손톱에 물을 들여 주시곤 했다. 저녁에 꽃과 잎을 따오시면 엄마 곁에 바싹 다가앉는다. 정성을 다해 준비하시는 모습을 호기심으로 바라보았다. 백반을 넣고 빠알간 꽃물이 생길 때까지 곱게 빻으면 준비 완료다. 손톱 위에 고루 올려놓아 주시면 흘러내리지 않도록 꼼짝도 하지 않았다. 따뜻한 미소를 지으며 칡잎으로 싸서 실로 꼬옥 동여매 주셨다. 잠을 자는 동안 제자리에 있어야 하기 때문이다. 얼마큼 물이 들까.

설레는 마음으로 한여름 밤의 꿈을 꾸며 아침을 기다렸다.

아주 진하게 물이 들어야 할 텐데…. 잠에서 깨자마자 궁금하여 칡잎을 벗긴다. 빨갛게 물든 손톱을 연신 바라본다. 무지갯빛 꿈을 펼치듯 열 손가락을 펴고 또 펴본다. 첫눈이 올 때까지 꽃물이 남아 있으면 첫사랑이 이뤄진다나. 그 시절 엄마와 함께 봉숭아물을 들이며 긴 더위를 잊었는지도 모른다.

한참을 기웃거리다 바다를 닮은 파란색에 시선이 멈췄다. 시원한 여름이 될 것 같다. 또 하나는 하트와 별 모양이 들어있는 핑크색으로 골랐다. 손톱에 하트를 올리고 별을 달고 싶은 동심일까. 기분 좋은 아침이다. 발걸음에 음표를 달고, 총총. 귀가하자마자 고루 칠했다. 예쁜 옷을 입은 듯 가슴은 바운스 바운스. 뭔가 좋은 일이 있을 것만 같다.

매니큐어는 라틴어로 손을 뜻하는 마누스(manus)와 손질을 뜻하는 큐어(cure)의 합성어다. 기원전 삼천 년경 고대 이집트와 중국에서부터 시작이 되었다고 한다. 아름다움을 찾는 여심은 예나 지금이나 마찬가지인가 보다. 이젠 매니큐어도 하나의 패션으로 자리잡았다. 손톱을 아름답게 꾸미는 법, 네일 아트에 대한 관심은 이미 높아진 지 오 래이다.

요즈음 책상에 앉으면 자주 매니큐어를 바른다. 고운 색을 매끄럽게 칠하는 동안 잠시 집중을 하게 된다. 손톱이 반짝이니 마음도 환해진다. 콧노래가 한 옥타브 더 높아진다.

평범한 일상에 소소한 일로 무진장 큰 즐거움이 생기기도 한다. 물들인 손톱에 자꾸 눈길이 간다. 덕분에 열기로 가득한 긴 여름을 잘 보낼 수 있으리. 손톱 위에 고운 색 얹었을 뿐인데, 소녀가 된다.

산책 예찬론

일상에 행복을 주는 몇 가지가 있다. 음악을 듣거나 책 읽기, 산책이다. 모두 새로운 만남을 가져다 준다. 세상 음악은 이루 표현할 수 없는 갖가지 리듬에 젖어 들게 하고 마음을 정화시켜 준다. 독서하는 동안 선인들이 펼쳐주는 새로운 길을 따라간다. 태초에 시작된 대우주와 소우주, 인간의 삶을 배운다. 산책은 아름다운 자연과의 만남이고 세상과의 소통이며 또 다른 자신과 소우하는 침묵의 시간이다. 깊은 고요 속에 머물면 생각의 길이 나뭇가지처럼 뻗어간다. 걸음마다 상상의 나라가 펼쳐진다.

우리 집은 동네 끄트머리 야트막한 산으로 둘러싸여 있다. 마치 작은 암자와 같다. 인적이 드물어 적적할 때도 있지만 그 조용함에 머무는 것을 오히려 좋아한다. 책을 읽다 어느 때곤 쉽게 자연과 호흡할 수 있다. 자주 문을 열고 나간다. 어제 걷던 길이지만 또 다른 모습으로 맞이해 주기 때문이다. 그들이 새롭게 써놓은 글을 마주하는 순간은 기쁨이다. 책 읽는 것과 걷는 의미는 그래서 동일하지 않을까 싶다. 그들이 주는 소중한 가치는 우위를 가릴 수 없기 때문이다.

매일 마주치는 풍경에도 어느 순간 마음을 빼앗길 때가 종종 있다. 유리창으로 스미는 빛 하나도 새롭게 느껴진다. 문 하나 사이라는 거리를 두고 지내지만 안에서 바라보는 모습과 밖에서 만나는 모양과 향기는 또 다르다.

사계가 지나는 동안 자연은 다양한 이야기를 들려준다. 따스한 기운과 생명력이 스며있는 봄 길에는 아침 냄새가 난다. 늘 새 날 같다. 잎 나기 전 산수유·생강나무·매화와 진달래

·개나리·목련은 감출 수 없는 환희를 뿜어내듯 피어난다. 봉오리를 터뜨리며 꽃잎을 여는 순간 놀라움과 어여쁨에 발걸음을 떼어 놓을 수가 없다. 가슴안으로 밀고 들어오는 이 벅참을 어이 감당할거나.

야생화는 또 어떤가. 단단한 흙을 헤치고 고개를 내미는 힘은 어디에서 오는가. 이 세상에 살며시 오는 꽃, 보이지 않는 모퉁이에 홀로 피었다 스러진다. 모두 다른 색과 모양을 지니고 있다. 보는 이로 하여금 잔잔한 미소를 머금게 한다. 봄날은 축복이다.

나뭇가지 사이에 앉아 있던 새들은 날갯짓하며 걷는 내내 따라온다. 커다란 까마귀와 산까치는 높은 데 앉아 있다. 가끔 점잖게 노래한다. 작은 새들은 쉴 새 없이 우듬지를 오가며 조잘거린다. 비이 비이 비이 포롱 포롱 포롱. 조용한 오솔길에 들려오는 유일한 음악이다. 새들 지저귐이 정적을 흩뜨리지만 발걸음에 리듬을 달아주며 동행해 주는 고마운 친구들이다.

뜨거운 계절 나무는 더위를 견디며 잎을 키운다. 여름 속으로 걸어가는 길은 온통 초록이다. 초록색 책장을 넘기며 다음

글을 따라간다. 울창한 그늘 아래 잠시 더위를 식히기도 한다. 때로 천둥 번개가 들이치는 바람에 폭우에 젖기도 한다. 휘몰이장단을 연주하는 날이라 여기며 잦아들 때까지 말없이 기다린다. 잎사귀에 떨어지는 빗소리에 끝없이 젖어 들기도 한다. 빗방울마다 전하는 속엣말이 조용조용 들려오기 때문이다.

빛나던 초록 잎은 가을에 색과 모양이 드러난다. 알베르 카뮈(Albert Camus)에 의하면 가을은 모든 잎사귀가 꽃이 되는 제2의 봄이다. 나뭇잎은 형형색색으로 꽃이 된다. 가장 고운 빛의 향연으로 온 산을 물들인다. 그 시절도 잠시 단풍은 시들어 때가 되면 핑그르르 떨어지고 만다. 이별의 시간이다. 그런 날엔 그 옆에 한참을 서성여야 한다.

나무는 벌거벗은 채 혹한의 날을 마주한다. 눈보라와 거센 광풍을 감내하며 긴 겨울을 보내야 한다. 가끔 따스하게 비춰주는 한줌 햇살로 고난을 견딜 수 있는지도 모른다. 추운 계절 지나면 따뜻한 봄이 오기에 자연은 모두 인내하며 기다릴 줄 안다. 동물은 긴 나날 동면을 택하듯 사람은 동안거冬安居에 들어야 하지 않을까. 안으로 묵혀야 할 것들이 얼마나 많은가. 세상일을 가볍지도 무겁지도 않게 받아들이려면 혼자의 시간을 마련해야 하리라. 겨울은 한 걸음마다 침묵의 시간으로 이끈다.

자연은 깊이 유영할수록 우주의 숨결이 들려온다. 잠자던 귀가 열리고 눈이 환히 뜨이게 해준다. 가슴을 열게 한다. 「산책자」 저자인 로베르트 발저(Robert Walser)는 눈 오는 날 산책하다 생을 마감했다. 그는

> 자연은 내 정원이며 내 열정, 내 사랑이었다. … 사랑스럽고 소박한 초원과 집들을 품은 온화한 대지가 황홀하면서도 울컥 눈물 나게하는 이별의 노래처럼 펼쳐졌다.

라 표현했다.

자연은 마음에 담을 수 있는 것들을 끝없이 이어주는 길이다. 빈 들판 같은 가슴밭에 사랑이라는 나무를 심어주기도 한다. 자연의 대작이라는 정원에서 깨달음을 얻게 해준다. 그 속에 담긴 뜻을 깨달을 수 있는 혜안을 희원한다. 그 곁을 다시

찾는 이유다.

산책은 짧은 여행이다. 걷다 보면 마음결에 스민 불순물이 어느새 사라진다. 하늘을 바라볼 때면 구름길이 된다. 나무를 만나면 우듬지까지 시선이 따라가며 말없이 전하는 뜻을 새긴다. 꽃을 만나면 꽃마음으로 꽃길을 걷는다. 그 사이 마음에 담겨지는 것들로 영혼에 보이지 않는 길이 만들어진다. 어느 시인이 "어디든 갈 곳이 없다면 마음의 길을 따라 걸어가 보라." 했다. 때론 낯선 생각과 행복한 동행을 할 수도 있다. 그래서 한 줄 그릴 수 있는 글감도 피어오르는지도 모른다.

스페인어로 카미노(Camino)는 걷는다는 뜻이다. 세상의 많은 사람들이 먼 길 산티아고(Camino de Santiago)를 찾는 이유는 무엇일까. 무거운 짐 지고 오래 걷게 하는 원동력은 어디서 오는 걸까. 먼 길을 순례하는 의미는 모두 다르겠지만 한 가지 공통적 화두는 "나는 누구인가?"였다. 오랜 시간 걷고 걸으며 자신의 삶을 돌아보고 새로운 자아를 발견하는 기회로 삼는 것은 아닐까. 한 생에 한 번쯤 나와의 조우를 위한 시간이 결코 헛된 과정이 아닐 게다. "행복한 사람은 자기 자신이라는 친구가 있다."고 한다. 가장 소중한 만남은 자신과의 만남이리라.

언젠가부터 산책 예찬론자가 되었다. 하나의 깨달음을 얻기 위해 오늘도 자연을 바라본다. 나를 만나기 위해 우주의 섭리를 이해하기 위해 세상 모두를 사랑하기 위해서 말이다.

걷는 동안만큼은 자유다. 마음 가는 대로 갈 수 있을 뿐 아니라 영혼 길 따라 자유로운 사유를 누릴 수 있는 시간이기 때문이다. 이런 순간이 주어져 삶의 남루함도 기우며 살 수 있는 것이리라. 삶도 예술도 매일 한 걸음씩 멈추지 않고 가는 길이리라. 다시 나설 채비를 한다. 눈과 귀 마음을 연다. 걷는 행복은 생生의 덤이다.

코로나 블루

예기치 않은 시간과 맞닥뜨렸다. 세계는 지금 바이러스 등장으로 일상의 흐름에 브레이크가 걸렸다. 자연 순리에 인간 개입으로 인한 결과다. 사람과 사람의 만남이 자유롭지 못하다. 지구촌에 생경한 풍경이 되어버렸다. 호흡기로 쉽게 전이될 수 있어 전 세계인이 마스크를 써야 한다. 퇴치할 수 있는 백신 연구에 초집중하지만 언제 종식될지 아무도 모르는 상태다.

여행은 금지된 것과 마찬가지다. 취미나 운동 음악과 예술

행사도 물론 멈춰야 한다. 세계인의 공동 축제인 올림픽조차 연기되었다. 학교 교육이 비대면으로 이뤄진다. 이런 상황이 낯설다. 처음엔 받아들이기 힘들었다. 분노하며 마스크 쓰기를 거부하는 나라도 있다. 자유의지를 달라 부르짖었다. 하지만 힘없는 아기처럼 아무것도 저항할 수 없다. 끝이 보이지 않는 낯선 길에 들어선 것이다. 마침내 코로나 우울(Corona Blue)이 찾아오고야 말았다. 혼자서 지낼 수 있는 방법을 찾아야 한다.

얼마 전, 딸에게서 카톡이 왔다. 일상을 영상으로 만들어 유튜브에 올렸다고 한다. 교정에서 연 친구들과의 생일파티, 짧은 여행, 피아노 연습하는 모습과 더불어 다양한 이야기가 음악과 함께 담겨있다. 집에서 보내야 하는 많은 시간을 잘 엮어가는 지혜가 엿보인다. 공부뿐 아니라 모든 생활을 스스로 해내야 하는 유학 생활. 간단치 않은 긴 기간을 혼자서 꾸려가야 하는 딸이 엄마는 늘 안쓰럽다. 화면 속 딸을 바라보며 나름 혼자서도 자유롭고 편안한 것 같아 마음이 편해진다.

유튜브는 정보 바다다. 지식창고다. 진귀한 영상블로그

(vlog)가 참 많다. 자신의 집을 소개하거나 요리를 비롯 지구촌 구석구석의 풍경을 볼 수 있다. 나라마다 개인이 살아가는 모습은 천차만별이다. 흥미를 갖기에 충분하다. 전시장을 찾지 못하는 시기지만 음악과 영화뿐 아니라 여러 예술을 접할 수 있어 기쁘다. 마음에 들면 "좋아요"를 꾸욱 누르기도 한다. 작은 화면에 거대한 우주가 들어있는 듯하다.

유튜브는 배움터이기도 하다. 무엇인가를 배우고 싶을 때 독학할 수 있을 만큼 충분한 자료가 쌓여있다. 중국어를 시작하며 혼자의 시간을 보내기로 했다. 도움을 주는 유용한 프로그램이 많다. 궁금한 것이 있을 때마다 친절하게 자세히 알려준다. 무엇이든지 가르쳐주는 AI(Artificial Intelligence) 선생님이다. 어설픈 발음으로 "워 아이 니(나는 당신을 사랑합니다)"부터 출발했다. 생각보다 재미있다. 한 발 더 나아가 최근엔 작은 악기도 도전해 보려한다. 얼마나 배울지 예측할 수는 없지만. 다행히 집콕 해야 하는 일상에 음표가 그려진다. 그다지 친근하지 않았던 인터넷이 즐거움을 주는 친구가 되었다.

인간은 적응의 동물이어서일까. 낯선 바이러스에 속수무

책인 시간이 장기화 되면서 사람들은 조금씩 각자의 삶을 찾아가고 있다. 개인적인 삶을 살아가는 것 같지만 세계는 이미 무선으로 연결되어 있었다. 어느 사이 지구촌 저 먼 곳에 있는 사람들 이야기를 들을 수 있고 볼 수 있지 않은가. 언젠가부터 우리는 함께 살아가고 있었던 거다. "We are the world! We are the one!"이라는 구호를 새삼 공감하게 된다.

달갑지 않은 팬데믹과 나라 안 일이 유난히 시끄러웠던 해였다. '거리두기' 생활에 익숙해지며 나에게 다가가는 중이다. 천천히 걸으며 자연을 바라본다. 숭고한 신비와 아름다움이 가득하다. 마음이 순해진다. 한 생에 정작 소중한 것이 무엇인지를 깨닫게 해준다. 좋아하는 일에 머물 수 있는 시간을 더 마련해야겠다. 책상에 앉아 마음을 그리며 온전히 나로 머물고 싶다.

이제 조용히 순한 것을 귀로 듣고 선한 것을 눈에 넣으며 따스한 사랑을 마음에 담고 싶다. 가슴 가득 희망을 안고서 말이다. 이 순간의 점들이 이어져 한 생이 될 지어니. 일체유심조一切唯心造. 블루가 핑크로 바뀌는 것은 마음 소관所管이다.

설렘 안고

어느 날이던가. 쉰을 훌쩍 넘긴 즈음 내 안으로 들어갔다. 흐르는 시간 안에 있는 나를 바라보았다. 쿵하는 가슴, 세상에 혼자 서 있었다. 한 번뿐인 삶, 주어진 소중한 시간을 어떻게 보내야 하나. 남은 날들 속없는 빈 쭉정이로 살아간다면 무척 슬플 것 같았다.

오는 시간을 하릴없이 맞이하며 하루하루 무의미하게 보낼 수 없다는 생각에 이르니 정신이 번쩍 들었다. 딸이 다니는 대학의 평생교육원 수필반을 노크했다. 더이상 새장 안에 갇혀 시름시름 앓아 갈 수 없었다. 자유를 갈구하는 내 마음의 희원을 들어줘야 했다. 책과 가까이 지내온 내게 글은 낯설지 않은 출구가 될 수 있으리라.

첫 강의 전날 잠을 설쳤다. 가슴앓이하며 비상을 꿈꾸던 새 한 마리, 날개를 펴고 새로운 세계로 날아가리라. 다람쥐 쳇바퀴 돌듯 되풀이되는 일상에서 탈피하리라. 이제 나를 알아가는 여행을 떠나고 싶다. 순간순간이 기쁠 수 있는 시간이 되도록 나를 표현해 보자. 내 속 정체성을 찾아가는 길을 따라가보자. 최소한 내가 나에게 미안하지 않도록 나를 사랑하는 시간을 마련해 주자. 그 날을 그리며 밤새 뒤척였다.

새 아침, 강의실에 많은 사람이 모여 있었다. 먼 길 돌아 찾아온 그들 마음을 헤아려 본다. 짧지 않은 지난한 생들을 돌아볼 수 있는 시간이 될 터이다. 삶의 빗살에 끼어 있는 영혼의 아픔과 슬픔의 무늬가 조금은 희석되지 않을까. 남은 생은 자신을 다시 새롭게 바라보는 여정이 되지 않을까.

글을 펼쳐가는 시간은 온전히 나의 시간이다. 나를 바라보는 일이다. 미지의 나를 알아가는 고요에 머물 수 있다. 또 다른 나로의 회귀이다. 내 안과 밖 세계를 바라보며 마음을 엮기 시작했다. 서툰 행보지만 노트북 켜고 언어를 데려다 그리고 또 그린다. 마음 다해도 뜻대로 지어지지 않지만 일상 중 가장 행복한 시간이다. 새 날을 맞이해도 아마 그렇게 앉아 있을 터다.

글 짓는 시간만큼 마음 길을 곱게 편다. 생각 바탕을 순수밭으로 고른다. 내 곁에 자연은 끝없는 경이와 한없는 아름다움으로 그득하다. 늘 기도한다. 그 모두 찬미할 수 있는 여력을 주소서. 한 번뿐인 삶 행복하였노라 노래할 수 있기를 바라나이다. 또한 나조차도 아직 다 알지 못하는 '나'라는 미지의 세계를 여행할 수 있도록 해 주소서. 설렘 가득 안고서.

사랑과 인생(Love & Life)

그림은 마음을 그린다. 한 남자가 여인을 안고 하늘을 날고 있다. 사랑하는 이와 더 높이 날아 더 넓은 세상을 품고 싶은 걸까. 현실에서 이룰 수 없는 꿈이 공중에서 날아다닌다. 감출 수 없는 가슴속 바람을 그림으로 표현한 화가가 있다. 마르크 샤갈(Marc Chagall 1887~1985)은 그의 꿈을 캔버스에 옮겼다.

처음 화폭과 맞닥뜨리면 어린이가 그린 그림이라 생각할지 모른다. 산책을 할 때도 사랑하는 여인은 하늘을 날게 해준다. 손을 꼬옥 잡은 남자 마음은 동화에 등장하는 동심童心일 게다. 그림을 감상하며 실현하기 어려운 희원을 바라게 된다. 무지개를 타게 해준다. 한 예술가의 화폭은 다른 세계로 날아갈 수 있는 창이 된다.

'Love & Life' 라는 제목을 보고 전시회로 걸음했는지 모른다. 미술관 벽면에 쓰인 "예술에도, 삶에도 진정한 의미를 부여하는 색깔은 오직 하나이다. 그것은 사랑의 색이다."란 문장이 더 설레게 했다. 사랑의 색은 어떤 빛일까.

샤갈은 평생 벨라라는 한 여인을 사랑했다. 작품마다 아내에 대한 무한한 사랑, 변치 않는 사랑, 감출 수 없는 사랑을 그리고 또 그렸다. 이탈리아 화가 조반니 세간티니와 비체(루이자)의 사랑도 다시 소환하게 된다. 그뿐만 아니라 작곡가 엘가와 엘리스, 슈만과 클라라의 사랑에 감동하는 까닭은 그들 예술에 사랑이 담겨있기 때문이다. 뜨거운 용광로에서 정제된 순수 결정체 같은 사랑을 피워냈기 때문이리라. 그들의 인생은 사랑과 예술이 되고 사랑과 예술은 그들 생의 주제였다.

「사랑하는 연인들과 꽃」은 애정하는 작품 중 하나다. 샤갈의 모티프는 꽃들에 둘러싸인 연인들과 동물 사랑이다. 사랑은 꽃과 같이 피어난다. 작품엔 꽃이 한가득이다. 작은 화병에 담겨있는 꽃들이 화폭 절반을 넘는다. 연인들은 얼굴을 맞대고 서로 꼬옥 안고 있다. 둘의 마음을 빨강 노랑 파랑으로 나타냈다. 꽃빛 같은 사랑이 몽글몽글 피어난다.

「에펠탑의 신랑신부」엔 신랑이 하얀 드레스를 입은 신부를 바라보고 있다. 아름다운 신부를 바라보는 신랑의 표정이 여실하다. 행복이 스미게 하는 작품이다. 그는 늘 꿈꾸는 대로 꿈을 그리는 것 같다. "삶이 언젠가 끝나는 것이라면 삶을 사랑과 희망의 색으로 칠해야 한다.", "나의 태양이 밤에도 빛날 수 있다면 나는 색채에 물들어 잠을 자겠네."라 했듯 색이 강렬하다. 색채의 마술사라 부르는 이유를 부인할 수 없다. 그림마다 진한 인상을 심어 준다.

샤갈은 그림뿐 아니라 글 쓰는 예술가다. 그는 『나의 인생〈My life〉』을 내 젊음의 자서전이라 했다. 사랑의 시詩 『Poems』, 『또 다른 빛을 향하여(Vers L'autre Clarte')』는 직접 그린 삽화가 들어 있는 시집이다. 문학적 면모뿐 아니라 조각 드로잉 판화 모자이크 무대디자인 분야를 넘나들며 예술혼을 불태운 종합 예술가였다.

사랑하는 아내 벨라(Bella Chagall)도 책을 썼다. 첫 번째 책 〈Burning Light〉은 어린 시절, 두 번째 〈First Encounter〉는 샤갈과의 어린 시절 친분과 그들 사랑이 피어나던 시절 이야기다. 샤갈은 벨라 책 한 장마다 사랑을 담은 그림을 곁들여 주었다. 서문에서 벨라가 쓴 단어와 문장을 "캔버스에서 넘실거리는 책의 너울"이라 비유했다. 사랑하는 마음은 저절로 글도 짓고 그림도 그려지게 하나 보다.

한 일생을 통하여 영혼으로 쏟아낸 작품들을 감상했다. 빛으로 가득한 세계처럼 그의 마음속엔 강렬한 사랑이 있었다. 한 여인을 사랑하며 영혼으로 쏟아낸 작품들이었다. 사랑에 대한 순수한 열망과 예술 여정을 바라볼 수 있었던 시간이었다. 당나라 왕유는 '그림은 소리 없는 시(無聲之詩), 시는 소리 있는 그림(有聲之畵)'이라 했다. 초현실주의 화가 르네 마그리트(Reni Magritte)도 "내 그림은 한 편의 시다."라 한다. 그림은 화가가 소리 없이 들려주는 이야기다.

예술가의 그림을 바라보며 삶을 돌아본다. 동시대는 아니지만 시공을 넘어 공감할 수 있다는 일은 기쁨이다. 오늘도 어제처럼 반복되는 일상을 쉬이 건너갈 수 있는 시간이다. 의미 없음을 의미 있음으로 덮어쓰기할 수 있게 한다.

여행을 하듯 전시장을 찾아가며 삶의 에너지를 충전해 본다. 잠시 머무는 짧은 시간일지라도 마음과 영혼은 넓고 깊어진다. 생을 다 보듬을 수 있을 것처럼. 인생은 사랑이 담기면 아름다워진다.

선線 선禪 선善으로

선線

허공을 가르는 선線 하나, 끝이 없다. 홀로 앉아있는 새 한 마리의 침묵은 깊다. 세상 모든 일을 수용할 수 있는 고요를 담고 있는 듯하다. 생이 지나가는 저 순간 무엇을 그리는 걸까. 가늠할 수 없는 세계 안으로 이끈다.

무한한 우주 안에 한 생명의 삶은 점에 불과하다. 선線 위에서 길을 찾으며 잠시 왔다 가는 길, 점 하나마다 한 세계가 담겨있을 터다. 머무는 시간은 찰나에 불과하다. 그 안에 또 다른 작은 우주가 담겨있음이 놀랍다. 불가해한 한 생生이 들어있다. 모두 다르나 개체마다 소중한 삶이다.

점이 모여 이루어진 선線은 원래 아름다웠다. 사람들은 굳이 경계선境界線을 그어 섬을 만든다. 살아가는 노선路線이 서로 다르기 때문이리라. 정해진 운명을 고집하는 것처럼 말이다.

선을 그어 한계를 정하기 전에 사이마다 나 있는 마음 길을 찾아가야 하지 않을까. 접하는 어느 곳엔가 따스한 양지가 들어있음을 우리는 부인할 수 없기 때문이다. 경계에 더 가까이 다가가 볼 일이다. 가슴안에 선을 넘을 수 있는 힘이 잠재해 있을 터이니. 진실이라는 매개체가 있기에 때로 가능하리라. 한계를 정하는 것과 무너뜨리는 것은 마음 소관이다.

선禪

세상의 모든 소리를 닫는다. 고요하다. 몸과 마음이 가벼워진다. 마음이 맑음에 모아진다. 영혼은 깊음에 펼쳐진다. 몸은 새처럼 날 것 같다. 잠시나마 번뇌를 지워본다. 삶의 진리는 무엇인가. 나는 어디로 가는 것인가를 되짚는다.

한 조각에 지나지 않는 존재이나 우주와 연결되는 선禪의 순간이다. 끝없는 평온함이 스며든다. 선은 삶의 무거움에서 가벼움에 들 수 있는 시간이 아닐까. 무아無我의 경지에 들기를 바란다. 새처럼 날아갈 수 있는 무중력의 상태를 느낄 수 있기를…. 순간은 영원이 될 수 있다고 여긴다. 이 찰나는 흔들림 없이 살아가는 에너지가 된다.

자신을 돌아볼 수 있도록 긴 호흡을 한다. 선禪하는 마음으로 새날을 맞이한다. 기쁜 하루는 축복이다.

선善

한 점으로 태어나 우주에 잠시 머물다 가는 우리. 하루라는 길을 건너며 생生을 걷는 동안 어떤 모습이어야 할까.

순간마다 칠정에 휩싸이고 마는 미약한 존재이다. 거대한 우주 안에 작은 미물로 머물다 간다. 어떻게 살아야 하는지 조금이나마 깨달을 수 있다면 그나마 다행이다. 마음밭을 곱게 펴야 한다. 덕德을 쌓아 선善으로 가득해지면 사랑이라는 꽃이 피어나지 않을까. 사랑은 우리 삶의 빛이다. 삶이라는 마당에 피울 수 있는 희망이다. 사람 사이에 가장 소중한 마음이다. 고귀한 선물이다.

점과 점이 만나 선線을 이루면 입체의 삶이 형성되리라. 한 생生이 이어지는 시간은 그리 길지 않다. 참삶을 이루기 위해 고요한 선禪의 순간에 머무르자. 그 모두의 바람은 선善이리니.

들깨 향

산책길에 나선다. 세상의 모든 소리가 들려온다. 풀벌레의 합창이 리듬을 탄다. 연가는 언제나 아름답다. 멀리서 들려오는 강아지 짖는 소리, 곁에 있는 다정한 바람소리가 발걸음에 행복이라는 음표를 달아준다.

해는 벌써 산마루에 걸려있다. 노을 진 산등성이 실루엣이 선명하다. 그때다. 어디선가 후우욱. 향기 한 움큼 코를 비집고 밀려온다. 그동안 무심코 지났던 길옆 깨밭이 있었음을 처음 발견했다. 깻단 여럿이 밭에 누워있다. 아, 이 내음. 어느새 내 마음은 어릴 적 고향 마당으로 달려간다.

엄마는 해가 뉘엿뉘엿 질 때까지 밭일을 하시곤 했다. 깨를 베면 헌 홑이불에 널어 따가운 햇볕에 바짝 말린다. 한 다발씩 가져다 막대기로 톡톡 친다. 잘 익은 깨알들이 소르륵 소르륵 쏟아졌다. 깨 향도 함께 퍼졌다. 일하시는 엄마를 바라보던 작은 아이. 하던 일 멈추시고 가끔씩 웃음 지어 주시던 엄마. 수건을 쓴 고쟁이 차림의 얼굴은 태양 빛에 그을려 새까맣다. 엄마의 미소는 언제나 따사롭고 푸근했다. 그 모습 자체로 평온을 안겨 주시는 분. 간단치 않은 세상에 쉴 곳은 영원한 엄마의 품이 아니련가.

하루의 고단함도 잊은 채 땅바닥에 앉아 깨를 터시는 모습은 마치 구도자 같았다. 우주의 섭리에 순응하는 자태는 언제나 숭고하다. 주어진 삶을 받아들이는 지고지순한 여인의 마음일까. 내일의 희망을 기다리는 것일까. 늘 조용히 일상을 받아들이는 고요한 모습을 보여주셨다.

스무 살에 시집오시던 날은 무척이나 추운 동지섣달이었

다. 새 삶을 출발하기 위해 오던 여정은 먼 길이었다. 무거운 가마를 들고 와야 하는 분들은 출발할 때 가마째 트럭에 실었다고 한다. 언덕을 하나 남기고서야 가마를 멨다고 한다. 게다가 지름길로 간다며 얼음판을 가로질렀다. 삶은 녹록지 않은 살얼음판 위로 걸어야 함을 예고라도 하듯 엄마의 새 인생은 그렇게 시작되었다.

집 떠나기 전 마지막 날, 시집에 드릴 떡을 혼자 만드는 것을 바라보며 동네 아주머니들이 수군거렸다. "에미 없이 혼자 시집갈 준비를 하네." 열 살에 어머니를 여의고 어린 나이에 동생들 돌보며 집안 살림을 도맡으셨다. 그 날 엄마의 가슴안을 들여다본다. 아무도 알 수 없는 설움이 가득하지 않았을까. 또 다른 미지의 삶을 시작해야 하는 두려움과 함께. 엄마의 옛 이야기를 들으면 가슴이 아리곤 했다.

엄마 곁에 누우면 언제나 들깨 향이 났다. 밥상에 오르는 나물에도 들기름 향이 진했다. 둘이 있는 시간이면 바른 마음으로 살아야 함을 일깨워 주셨다. 어려움 속에서 아들 셋, 딸 하나 키우면서도 여유로움을 잃지 않으셨다. 모든 것을 수용하는 넓은 가슴을 지닌 엄마. 다른 사람을 이해하고 사랑하는 법을 가슴에 새겨 주셨다.

이제 팔순을 넘기신 어머니. 몸이 자유스럽지 못하여 아기처럼 아장아장 걸으신다. 어머니의 작은 모습이 가을빛에 더 조그맣게 비춰진다. 찾아뵐 때마다 예전과 달라지는 엄마를 바라보아야 한다. 마음이 무겁다. 어깨 위에 앉은 다사로운 햇살처럼 지난했던 삶이 가벼워졌으면 하는 바람뿐이다.

존재하는 모든 생명들은 향기를 지닌다. 숲속을 걸으면 어디선가 은은한 향이 다가온다. 나무 풀 내음이 피어오른다. 인간은 어떤 향을 지니는가. 따스한 사랑 향이기를 바라본다.

엄마 사랑이 들깨 향으로 번져온다. 보고 싶은 엄마, 엄마….

제4부

집시의 노래

바람처럼 왔다 바람처럼 가는 길. 밤하늘에 수많은 별들이 반짝인다. 그중에 별 하나 떨어진다. 한순간에 사라지는 운명이다. 인생은 우주의 별처럼 그렇게 왔다 가는 길 아닐까. 모든 생명 있는 것들은 그렇게 왔다 스러지니 말이다. 모두 어디쯤에서 잠시 머물다 간다. 단지 그뿐이다.

별을 따라가는 유목민들 영혼은 자유로울 것 같다. 바람과 함께 초원을 유랑하는 사람들 마음을 헤아려본다. 단순한 삶의 방식을 선택한 이들 영혼은 우주와 더 가까이 연결되어 있지 않을까. 많은 것을 지니지 않아 더 가벼운 삶이 아닐까 싶다.

「지고이네르바이젠(Zigeunerweisen)」은 평생을 유랑하며 살아가는 집시(Gypsy) 여정을 그렸다. 시작부터 강렬한 리듬으로 듣는 이의 마음을 사로잡는다. 끊일 듯 말 듯 애잔하게 이어지는 선율은 초원에서 정처 없이 떠돌며 살아야 하는 숙명을 그리게 한다. 그러다 빠르고 긴박감 넘치게 흘러가는 음표들이 가슴을 열고 들어온다. 플라멩코를 추는 격렬한 여인의 몸짓일까. 마음을 흔든다. 그러면서도 어떤 알 수 없는 깊은 우수가 번진다. 언어로 표현할 수 없는 저 깊은 곳에 쟁여 있는 슬픔이 스멀스멀 기어 나온다. 끝없이 어디론가 떠나야 하는 보헤미안 생生. 덜커덩거리는 그들 마음을 보듬어 주는 듯하다.

바이올린 연주를 좋아하는 사람이라면 이 곡에 빠지지 않을 수 없다. 스페인의 명연주자이고 작곡가이며 바이올리니스트였던 사라사테는 명작을 탄생시켰다. 마지막에 이르기까지 바이올린이라는 악기가 표현할 수 있는 모든 서정적이고 아름다운 특성을 드러내 준다. 많은 이들 가슴에 영원히 끊이지 않는 선율로 남으리라. 예술작품 경지는 깊이와 넓이를 가늠할 수 없는 그 너머에 있다. 덕분에 사유의 오솔길 걸으며 일상을 고르게 넘기도 한다.

오케스트라의 장엄한 합주보다는 실내악을 더 좋아한다. 피아노와 바이올린 곡이 특히 가슴에 와닿는다. 쇼팽의 「녹턴과 열정」, 엘가의 「사랑의 인사」, 바흐의 「무반주 바이올린 파르티타 샤콘느」, 슈만의 「트로이메라이」, 에튀드나 프렐류드를 즐겨 듣는다. 그밖에도 수많은 대작은 늘 가슴에 울림을 준다. 삶의 결에 스미는 명곡을 들으며 살 수 있어 하루라는 징검다리도 사뿐 건널 수 있다.

음악을 감상할 때마다 감동을 받는 까닭은 아마도 지금 이 순간 내 곁에 흐르는 음표가 이미 내 가슴에 탑재해 있기 때문 아닐까. 한 마음안에 그려진 음과 또 한 작가의 음표가 자연스레 만나 또 다른 음이 창출되어 흐르는 것은 아닐까. 사랑하는 연인들이 아름다운 화음을 만들듯, 냇물이 흘러 강과 바다에서 하나가 되듯 한 리듬과 한 음표가 만나 하모니를 이루는 것인지도 모른다.

태곳적부터 인간의 삶엔 시와 음악이 있었다. 천재지변의 두려움으로 제사를 지내거나 간절한 마음으로 비를 기다리는 인디언이 기우제를 올릴 때 사람들은 신과의 교류를 위해 소리를 내며 기원했다. 영원히 멈추지 않는 파도 소리처럼 우리 곁에는 늘 아름다운 선율이 있었다. 음악의 신 뮤즈(Muse)는 이미 우리 영혼에 음표를 그려놓았을지도 모를 일이다.

음악은 언젠가부터 내 삶과 함께한다. 음악을 듣노라면 평온하고 행복해진다. 비루할 수밖에 없는 삶이라는 길을 지나는 나그네에게 보내는 위로 같다. 간단치 않은 일상을 저만치 밀어놓을 수 있다. 아름다운 소리가 들려올 때마다 내 마음의 현을 타고 춤을 춘다. 비껴갈 수 없는 생의 지난함을 떨쳐버리려 춤사위를 펼쳐본다. 음악은 심난甚難한 가슴밭을 사랑이 가득한 행복터로 바꾸어 놓는 힘을 지니고 있다. 형용할 수 없는 어떤 느낌 그 이상에 젖어들게 한다. 그 모든 선율 내게 오소서. 온몸과 마음으로 받아들이리라. 복잡 미묘한 씨실과 날실로 엮어져 있는 감정에서 벗어나 자유 날개를 달고 가벼이 날 수 있도록.

인간은 영원한 노마드(Nomad)일지도 모른다. 인생은 늘 그렇게 세상을 떠돌며 살아가는 길일지도. 집시 노래가 아리게 들려오는 까닭은 그 안에 마지못한 삶이 담겨 있기 때문 아닐까.

음악은 여러 색깔의 인생을 연주하고 인생은 다른 모양의 음표를 그린다.

취함에 대하여

"브라보! 브라보!"

이 세상에 첫 선을 보인 날이다. 지인들이 축하 자리를 마련해 주었다. 시간 가는 줄 모르며 즐겁게 담소를 나누었다. 모든 것에 취한다. 함박웃음을 띤 얼굴이 된다. 심장까지 쿵쿵 울리는 음악에 리듬을 탄다. 음악에 내 전부가 파묻혀진다. 빛과 음악, 리듬과 하나 되는 순간이다.

돌아오는 길, 초승달이 반긴다. 그 옆은 별밭이 펼쳐져 있다. 별마다 빛을 낸다. 오늘밤 하늘에도 축하 파티가 있었던 걸까. 별이 틈 없이 모여 빈자리가 없다. 빛들이 머리 위로 눈송이처럼 쏟아진다. 가장 환하게 빛을 내며 나를 바라보는 별 하나, 점점 커져 따라온다. 그리운 친구 얼굴이 어른거린다.

취하게 하는 것들이 있어 삶은 의미가 있다. 봄이면 쉼 없이 피어 대는 꽃들로 가슴이 두근거린다. 꽃잎마다 색이 다르다. 물감에서조차 찾기 힘든 색깔로 빛을 낸다. 봄은 꽃 향연이 시작되는 계절이다. 세상은 온갖 아름다운 빛으로 펼쳐진다. 그 잎 하나하나의 열림에서 뿜어져 나오는 향과 각기 다른 자태에 취한다.

초록으로 물들어 가는 잎은 어떤가. 부서질 것 같은 여린 잎이 딱딱한 나무를 비집고 나온다. 강인한 생명력에 놀라워 말을 잃는다. 자라나며 저마다의 모양이 만들어진다. 아폴론(Apollon)의 사랑을 피하려다 나무로 변한 다프네(Daphne) 때문일까. 자세히 들여다보면 잎마다 하트 모양이다. 비록 나무가 되었지만 사랑을 하고 싶은 마음 부림일지도 모른다.

가장 깊이 취하게 하는 것은 시니피에(signifié - 기의)를 위한 시니피앙(signifiant - 기표)이다. 언어로 의미를 전하는 선인의 이야기를 읽는다. 규격화된 문자로 말랑말랑한 가슴속 이야기를 그린다는 것은 기적 같은 일이 아닐까. 그 세계에 파묻혀 여기까지 왔다. 취하면 깊이 빠지게 된다. 다가갈수록 더 자세히 알 수 있고 결국 그 세계에 전염되고 만다. 닮고 싶어진다. 한 생 지나며 원의原意를 볼 수 있는 혜안을 희원할 뿐이다.

오늘은 새날이라는 또 다른 아침을 맞이한다. 내 생에 처음 맞이하는 날이기도 하다. 새벽 어스름 이슬에 젖어있는 나무와 풀 그리고 꽃은 조용히 해가 뜨기를 기다린다. 가끔 안개와 사랑을 하는지 운무로 가득한 아침은 미지의 세계가 된다. 나무가 서 있는지 어제 다니던 길인지 미로가 펼쳐져 있어 분간할 수 없다. 신비로움에 빠져든다.

가늠할 수 없는 우주에 유한한 삶의 길이는 얼마 만큼일까. 잠시 머무는 동안 아름다운 예술과 사랑에 취할 수 있다면 비루한 생에 좀 위안이 되지 않을까.

하루해가 저 산마루를 휘감는다. 하늘 바탕에 노을 속마음을 전하는 순간일지니. 형용할 수 없는 황홀한 빛의 향연, 어찌 아니 물들 쏜가. 어찌 아니 취할 쏜가.

고양이 구출 작전

이른 아침이다. 지붕 위 어디선가 희미한 소리가 새어 나온다. 새들이 조근거리는 걸까. 가만히 귀기울이니 새끼 고양이 울음 같기도 하다. 엄마를 부르는 거겠지. 강아지와 산책하는 시간이어서 더 관심을 두지 않았다.

점심이 지나고 오후 다시 강아지 운동하는 시간이 되었다. 그때였다. 아침에 들려왔던 그곳에서 더 큰 소리가 난다. 지금까지 긴 시간 동안 저리 울고 있었던 말인가. 이상히 여겨지니 마음이 급해진다.

우리 집 주변에 길고양이 몇 마리가 정착하여 평화로이 살고 있다. 얼마 전 노란 고양이가 새끼 세 마리 낳았다. 아기를 보호하려는 어미는 본능적으로 예민해진다. 경계가 무척 심하다. 가장 안전한 곳을 찾아 새끼들을 데리고 이리저리 이동하며 꼭꼭 숨는다. 어느 정도 자랄 때까지는 어린것들을 어디에 두었는지 잘 알 수 없을 정도다. 이번엔 보호소가 지붕이었나 보다. 아무도 볼 수 없는 높은 곳에 그들만의 안전지대를 마련한 것 같다. 테라스가 있어 뛰어놀기에 안성맞춤이다.

그런 나름의 방식으로 평화로이 지내던 중 예상치 못한 문제가 발생했다. 새끼 한 마리가 지붕과 천장 사이 어느 작은 구멍으로 들어가 길을 잃었다. 아직 출구를 찾지 못하고 있다. 아기 고양이는 계속 울어대며 엄마에게 신호를 보내지만 어미는 그저 안절부절. 해결책이 없어 보인다. 초조한 눈빛으로 새끼 근처를 오르내리며 지붕만 쳐다보고 있다.

아기 고양이는 얼마나 불안하고 무서울까. 빨리 방법을 찾아야 한다. 울음소리가 들려오는 곳은 처마 끝부분이다. 나무로 마감되어 있다. 높아서 손이 닿지 않는다. 사다리가 필요하다. 사용한 지 오래되어 칡으로 얽혀있다. 전지가위로 한 줄기씩 제거할 때였다. 손등이 따끔, 벌에 쏘였다. 그 녀석 몹시 맵네. 금세 빨개진다. 지금 손 걱정할 때가 아니다. 벌집을 건드리지 않은 것이 천만다행이다.

사다리를 놓고 올라가 보았지만 손이 닿지 않는다. 뾰족한 수가 없을까. 망치로 두드려 보았다. 나무가 탕탕 튀기기만 한다. 새끼는 자기의 위험을 알리려는 듯 더 크게 울부짖는다. 경계하던 어미가 나의 동작을 주시하며 처마만 응시한다. "어서 내 아기 구해주세요." 구원을 요청하는 눈빛이 레이저 광선이다. 벌에 쏘인 데가 몹시 따가웠지만 새끼가 자꾸 소리치니 서둘러야 한다. 등에선 땀이 비 오듯 흐른다.

망치는 소용없어 톱으로 잘라야 할 것 같다. 높은 나뭇가지 자르는 긴 톱으로 처마 끝부분을 조금씩 자르기 시작했다. 집이 망가져도 할 수 없다. 어느 정도 구멍이 생길 때였다. 노란색이 설핏 비친다. 평소엔 무서워 도망갈 텐데 아기 고양이는 빛이 보이는 쪽으로 달려온다. 얼른 꼬옥 잡았다.

휴우, 드디어 구출 성공! 작은 고양이가 손 안에 들어온다. 새털처럼 가볍다. "야옹 야옹 엄마 엄마" 울고 있어도 귀여운 새끼 고양이. 고양이를 안고 사다리에서 조심조심 내려왔다. 오매불망 기다리고 있는 어미 앞에 놓자마자 목을 물고 어디론가 쏜살같이 달려간다. 다른 새끼들 있는 곳으로 달려가는 것이리라. 벌에 쏘인 자리가 욱신거린다. 이제야 자세히 본다. 많이 부었다.

요즈음 환한 미소가 절로 그려진다. 비척거리며 걷는 새끼들이 앙증맞다. 동그란 두 눈을 말똥거리며 뛰어다니는 모습에 시간 가는 줄 모른다. 어설픈 방어놀이에 귀염이 뿜뿜 피어난다. 다시 평온이 찾아왔다.

고희를 보내는 여인

창가에 우수수 낙엽이 기척을 한다. 뜨거웠던 여름은 벌써 저만치 사라졌다. 가을역이다. 이른 아침 한 통의 전화를 받았다. 성당에 다니시는 할머니다. 가끔 전화로 안부를 물으며 자신의 이야기보따리를 풀어놓으신다. 오늘은 만났으면 하신다.

그녀의 남편은 감성보다는 이성적인 남자였다. 다른 사람에게는 언제나 인자한 웃음으로 대해주는 사람이다. 궂은일

마다않고 기꺼이 성당과 동네 일에 봉사한다. 과일이 잘 열리도록 좋은 품종을 찾아 접을 부치는 연구도 한다. 그녀는 그런 남편과 다정다감한 일상을 보내고 싶었다. 일생 동안 바라던 소망이었지만 그는 합리적인 이야기가 아니면 귀기울여 주지 않았다. 정작 아내에게만 살갑지 않은 남편의 사랑에 늘 허기졌다. 가장 오래도록 가까이 있었지만 늘 먼 당신이었다.

식사를 마치고 카페로 자리를 옮겼다. 지아비를 보낸 여인은 몸과 마음이 여위어 가고 있었다. 가까운 사이는 아니었다지만 한평생 함께한 사람이다. 시간이 지날수록 그를 생각하는 시간이 길어진다고 한다. 빈 들판 같은 가슴을 안고 사는 그녀의 이야기에서 서걱거리는 소리가 들려온다. 홀로 된 후 허허로운 마음 달래느라 힘들어하는 모습이 역력하다. 그녀는 아직도 떠난 남편을 보내지 않고 있었다.

그녀에게 세월의 바람이 불고 있다. 지난 시간이 얹혀 있는 걸까. 왠지 오늘 늘어가는 주름살이 유난히 도드라져 보인다. 손도 많이 거칠어졌다. 고희古稀를 보내는 여인의 모습을 새삼 다시 바라본다. 어떤 마음일까. 아직 칠십이란 나이는 낯설다.

가보지 않아 아무것도 가늠할 수 없다. 그저 짐작할 뿐이다. 세상과 인간의 삶을 다 보듬을 수 있는 마음밭일까.

창밖 가을빛 닮은 석양은 우리 이야기와 상관없이 아름답게 펼쳐지고 있다. 낮과의 이별이 시려 더욱 찬연한 빛을 발하나 보다. 한낮에 이글거렸던 모습과는 또 다르다. 영원히 사라지지 않고 싶을지도 모른다. 하지만 찬란히 떠올랐던 태양도 때가 되면 황혼 속으로 사라지는 게 자연의 이치 아닌가. 우리네 인생처럼 말이다.

소슬바람이 불어온다. 창밖을 바라보는 그녀 마음은 어디쯤 가 있을까. 그의 얼굴을 그리는 것일까. 노을에 깃든 우수만큼이나 수심에 찬 그녀의 옆모습에 외로움이 흔들리고 있다. 들릴 듯 말듯 바람결에 실려 오는 한숨 소리가 바람에 흩어진다. 난 애써 석양만 바라보았다.

차가워진 커피잔엔 그리움만 가득해진 것 같다. 떠난 이를 안고 살아가는 무거운 마음이 가벼워지기를 바라본다. 누구나 홀로서기가 필요하리니. 텅 빈 들녘 같은 가슴을 쓸어안듯 옷깃을 여민다. 지는 해를 바라보며.

순간은 영원으로

순간은 영원이 된다. 시간이 흘러도 가슴에 오래 남아있는 찰나가 있다. 영원히 간직하고 싶은 박제된 시간처럼. 어떤 사람의 한 생은 거기에 오래 머물러 있을 수도 있다.

한 장의 사진은 정지된 하나의 표현이 담겨 있다. 무언으로 들려주는 이야기가 있다. 러시아 사진 작가 마틴 문카치(Martin Munkacsi)는 "진실한 한 장의 사진은 언젠가는 말을 한다."라고 말했다. 지금 이 순간이 담긴 그림은 미래 어느 날 침묵으로 말을 건넨다.

중학생이었을 때 처음 사진기를 만져보았다. 소풍날이었다. 사진을 찍어보고 싶어 막내 삼촌 애장품을 빌렸다. 손 안에 묵직함이 느껴졌다. 수동사진기였다. 막연히 이런 사진기가 갖고 싶다는 생각이 들었다. 그 바람에 대학 조교 때 받은 첫 장학금으로 수동카메라를 구입하고야 말았다.

무지의 상태에서 듣는 이론은 단순했다. 조리개로 피사체가 선명해지도록 조절하다 일치했을 때 셔터를 누르면 된다. 잘 찍을 수 있을까. 가슴이 두근거렸다. 바닷가에서 친구들을 한 줄로 세워놓고 작은 창으로 바라보았다. 네모 프레임 안에 있는 모습이 뿌옇다. 조심스레 맞추어 본다. 아주 선명해진다. 인간관계도 이와 같다는 생각을 해본다. 사람과 사람 사이 소통 길이 일치하면 서로 잘 보일 때가 있지 않은가.

살며시 버튼을 눌렀다. "찰칵" 공기의 진동을 타고 청명한 소리가 울려 퍼진다. 아, 이 완벽한 소리. 이런 느낌은 처음이다. 모든 조건이 다 잘 들어맞을 때의 명징함이라 할까. 그 순간 때문에 자유로이 카메라를 들고 다닐 날을 꿈꾸는지 모른다. 내 생에 최초의 작품이었을 것이다. 온전히 나의 기준으로 사각 프레임 안에 하나의 그림을 완성했다.

그 이후 나의 소장품을 오래 잊고 지냈다. 하지만 아직도 사진에 대한 애정이 식지 않았음을 문득 발견하곤 한다. 한동안 꽃에 다가가 접사接寫를 즐겼다. 확대해 보는 꽃잎은 원래와 다른 놀라운 모습을 보여준다. 가슴 안에 커다란 꽃이 새롭게 피어나게 한다. 알 수 없었던 친구의 가슴이 열려진 날 같다고 할까. 언젠가는 시간을 내어 더 몰입하고 싶다. 그 마음을 아직 놓고 싶지 않다. 카메라 들고 산과 들, 바다를 찾아가리라. 시간을 저장할 수 있는 마법의 기계로 한순간마다 그림을 만들 수 있을지도 모른다.

사진기의 작은 창으로 보이는 대상은 모두 신비롭다. 조리개를 열면 밝아지는 세상과 마주할 수 있다. 닫으면 어둠뿐이다. 우리 삶을 닮았다. 한 피사체를 가슴안으로 들이기 위해서 마음을 열어야 한다. 앙리 카르티에 브레송(Henri Cartier Bresson)은 "사진을 찍을 때 눈을 감는 이유는 마음의 눈을 뜨기 위해서이다. 찰나에 승부를 거는 것은 사진의 발견이 곧 나의 발견이기 때문이다." 어떤 풍경이나 사람 등 피사체를 네모 안에 넣으며 그들과 더불어 나를 바라볼 수 있지 않을까. 풍요로운 삶을 위한 하나의 예술작업이 되리라. 마음에 새겨지는 한 폭의 아름다운 그림은 진실이라는 선물을 건넨다. 그때, 셔터를 누르면 된다. 순간은 영원이 된다.

그 마력에 빠져버린 마음을 표현해 보았다.

사각 프레임 안에 / 설정한 대로 / 순간은 영원이 된다
걸음 또 한 걸음으로 / 끝없이 이어지는
생이라는 길이 버튼 하나로 정지된다
빛으로 색으로 / 새 이야기 담겨 / 만들어진 모양
바라보는 이와 그 대상對象은 / 원래 하나를 / 꿈꾸는지도 모른다
삶은 그렇게 / 그려지고 있는 / 그림의 연속체連續體일까
가슴에 그리는 / 그리움 담겨 / 어떤 생生의 길이 되는

마음 앵글로 생生을 들인다. 어떻게 살아갈지는 마음이 흐르는 대로의 구도構圖 아닐까.

널뛰기

어릴 적 긴 겨울 보내며 설날을 손꼽아 기다렸다. 명절이 하루하루 다가올수록 설렜다. 그 시절 동생들과 크리스마스보다 설을 더 기다렸던 것 같다. 어머니 아버지가 설빔을 사 주시기 때문이다. 두 분이 장에 가시면 눈이 빠지게 기다렸다. 두터운 잠바나 바지, 따뜻한 털신, 장갑, 귀마개를 사 오시는 날이기 때문이다. 빨간 내복도 빼놓지 않으셨다. 아주 먼 옛일인데 내의에 배어있는 따스함이 아직도 잊히지 않는다.

설빔을 사오시는 날은 정말 신났다. 대부분 커서 맞지 않는데도 마냥 좋았다. 치수가 맞지 않아 몇 번 접어야 했다. 그래도 상관없었다. 동생들과 새 옷을 바라보며 얼마나 행복해 했던가. 우리는 밤마다 초롱불 아래서 옷을 펴보며 기다렸다. 매일 만지작거리며 입을 수 있는 날이 어서 오기를 바랐다. 새 옷이라는 점 하나만으로도 마음에 기쁨이 들어찼다.

때때옷 차려입고 제사 지내려 서 있으면 친척 어른들이 흐뭇해 하셨다. 그 옷이 그 옷일 텐데도 멋지다는 칭찬을 아끼지 않았다. 많이 컸다고 추켜세우며 한 해 동안 건강하라는 덕담도 해주셨다. 동생들도 그때를 기억할까. 네 남매가 이제 다 쉰을 넘었다. 정다웠던 그 시절 동심이 문득 그리워진다.

설빔을 입고 엄마와 널을 뛰던 일이 떠오른다. 엄마와 나는 호흡이 잘 맞는 짝이다. 널뛰기는 우선 시소처럼 상대방의 몸무게로 널판 위에 설 자리를 찾아야 한다. 몸 균형을 잘 잡고 두 발에 온 힘을 주어 구르면 맞은편 사람이 높이 올라간다. 엄마가 쿵하고 굴러주면 나는 높이 올랐다. 잠시 하늘 속으로 날아간다. 그때 그 기분은 설명할 수 없다. 몸도 가슴도 뛰었다.

그 순간 내 전부가 춤을 추었다. 조금 익숙해지고 여유로워지면 공중에서 팔과 다리로 모양을 만들기도 한다. 잠시 새가 되어 본다. 이니 발레리나일까.

옛날 처녀들이 담 너머 세상을 보고 싶어 널을 뛰었다고 한다. 바깥출입이 자유롭지 않은 시대의 풍습이었던 것 같다. 지상에서 높은 하늘로 날아올라 넓은 세상을 바라보는 일은 참 즐겁고 기쁜 일이다.

엄마는 딸을 위해 자꾸만 힘껏 굴러주셨다. 나는 신이 나 두 팔을 벌리고 하늘로 올라갔다. 내게 보이지 않았던 세상을 구경하고 오라고 힘을 더 주셨나보다. 명절 시기 동안 엄마와 함께한 호사였다. 둘이 한마음이 되는 순간이었다. 차례를 기다리는 동네 아줌마들은 모녀가 널뛰기 호흡이 잘 맞는다며 부러움을 샀다.

널뛰기 닮은 대화를 바라본다. 조금만 굴러주고 띄워주면 영혼이 춤추어 노래 같은 말이 쏟아질 텐데. 앞에 있는 사람이 굴러주면 높은 데 올라가 넓은 세상 바라보며 마음 평수를 늘릴 텐데. 기다리는 이를 보듬어 주며 즐거운 담소가 끝없이 이어질 텐데. 작금에 아쉽게도 사람들은 자신의 이야기만 중요하게 여긴다. 아웃풋(out put)만 한다. 인풋(in put)은 드물다. 모두 마음안이 분주해 여백이 없다.

공감할 수 있는 마음 평수를 넓혀야겠다. 숭숭 뚫린 소통길이라야 따스한 세상을 맞이할지니. 눈을 맞추며 들어주는 마음의 여유를 갖는다면 화풍和風이 불리라.

페르소나

인간은 모두 자신을 표현하며 산다. 시인은 시를 쓰고 화가는 그림을 그리고 어떤 이는 영화를 만든다. 그들은 진실을 추구하는 인간의 삶과 더불어 다양한 얼굴의 우주를 그린다.

왜 인간은 자신들의 모습을 표현하려고 하는 것일까. 문학을 비롯해 여러 예술을 통해서 인간이 추구하고자 하는 것은 무엇일까. 그 이유를 한마디로 축약하기란 불가능한 일일지도 모른다. 이 거대한 지구에 존재하는 인간의 수만큼 각자가 부여하는 삶의 의미가 다르기 때문이다. 그럼에도 한 가지 분명한 사실은 예술작품에는 우리 모두 공감할 수 있는 교집합이 있다는 점이다. 인간이란 누구인가라는 원초적인 질문에 대해 함께 동의할 수 있는 부분이 있을 터이니 말이다.

지인들과 함께 잉마르 베리만(Ingmar Bergman)이 만든 영화 「페르소나(Persona)」를 보았다. 20세기 최고의 영화예술가로 손꼽히는 스웨덴 출신 감독은 이 작품을 자신의 최고작이라 했다. 그는 "영화에 대한 영화이고 자아에 대한 영화"라며 "이 영화를 통해 오직 영화만이 발견할 수 있는 무언의 비밀에 도달했다."라 했다.

이 영화는 상대방의 자아가 되어 보며 가면을 벗게 되는 과정을 그렸다. 어느 바닷가에서 요양 중이던 엘리자벳과 간호사 알마 사이에 사건이 발생한다. 엘리자벳이 누군가에게 보낸 편지에 알마의 이야기를 한 것이다. 모르는 이에게 자신에 대해 알려진 사실을 접하게 된 후 서로의 페르소나(Persona)가 바뀐다. 두 여인이 변하는 이 장면은 이 영화에서 나타내고자 하는 주제에 대한 상징적 이미지이다.

그때부터 두 여인은 가면과 실체 사이에서 각자의 자의식을 고통스럽게 들여다보게 된다. 엘리자벳은 배우, 어머니, 여성으로서의 완벽한 삶을 살아왔지만 그 인생의 가면 뒤에 가려진 모성의 부재에 대한 죄의식을 아파하고 있다. 알마는 낙태의 경험과 해서는 안 될 성경험에 대한 아픔이 있다. 이 사실을 감추며 간호사로서 한 여자로서 살아왔던 자신의 실체를 여실히 바라보아야만 했다. 두 사람은 지금까지의 삶이 가면을 쓰고 살아온 것임을 깨닫게 된다. 겉으로 보이는 삶은 진실이 아니라 가면 뒤에 숨겨진 허위일 뿐이라는 것이 자명하게 드러났다.

인생은 하나의 페르소나를 만들어가는 과정인지도 모른다. 삶이라는 긴 여정은 결국 자신을 찾아가는 길이기 때문이다. 깊은 고독과 외로움 속에서 찾고자 하는 것은 결국 자신의 정체성이다. 어떤 자화상을 그릴 수 있을까. 인생이라는 굴곡을 지나며 여러 얼굴이 만들어진다. 삶의 마디마디가 간단치 않기 때문이리라. 서양의 가면무도회와 우리의 탈춤은 그래서 때로 필요하지 않았을까.

진실한 내면의 자아로 한 발자국 더 가까이 다가가야 할 것 같다. 투명한 마음의 빛 세계로 나아가야 하리라. 따스한 마음의 방은 온돌 같은 사랑이 배어 있으리니. 이제 다시 역지사지易地思之를 받아들여야 할 것 같다.

침묵 속에 자막이 올라간다. 빈 화면이 보일 때까지 관람객들 아무도 일어날 기미를 보이지 않았다.

제5부

파도 소리

바다는 늘 내 가슴안에 있다. 어린 시절 바다를 바라보며 자라났기 때문일까. 끝없이 펼쳐진 푸르름은 마치 미지의 세계처럼 보였다. 넓고 깊어 그 끝과 속을 가늠할 수 없어 더 신비했을지도 모른다. 동심은 바다를 닮고 싶었다. 많은 것을 품고 있으면서도 드러내지 않는 모습이 참으로 아름답고 신기했다.

바다 위에 그려지는 노을빛은 어떤가. 마당에 서면 바다가

보였다. 저녁이면 붉은 태양은 바다 캔버스에 다른 세상을 그린다. 세상의 빛들을 모으는 화가가 된다. 늘 그 풍경에 멍하니 빠져들었다. 석양은 같은 날이 없다. 매일 다른 물감으로 명화를 탄생시킨다. 아마도 세상에서 가장 멋진 풍광일지 모른다. 가슴에 새겨진 그 모습 때문일까. 노을이 지는 승경을 그냥 모르는 체 돌아설 수 없는 것이. 내일 또다시 찬란하게 떠오를 태양이건만 혼신을 다해 뿜어내는 저 신비스런 빛을 어떻게 외면할 수 있는가. 내 유년의 뜨락 한 구석엔 바다 위 노을이 아스라이 펼쳐져 있다.

대학시절 어느 날이었다. 그 무엇으로도 채울 수 없는 허기진 시간들이 흐르고 있었다. 삶도 진리도 불합리했다. 먼데 향한 아련한 그리움일까. 학교에 가려고 나선 날, 알 수 없는 이끌림으로 강릉행 버스에 몸을 실었다. 가을이었다. 차창을 스치는 산등성이마다 절정에 오른 단풍들이 찬란하게 빛나고 있었다. 자연은 경이驚異다. 그 자체로 꾸밈없는 아름다움을 뿜어낸다.

가을 정취에 취하며 달려간 경포대는 두 팔을 벌려 맞아주었다. 바다는 언제나 그랬다. 가슴을 열어 말없이 품어준다. 아, 이 향. 나도 모르게 두 팔을 벌린다. 바다 냄새가 참 좋다. 드넓은 바다 품에 안기면 내 마음도 저절로 바다에 젖어간다. 모래밭에 앉아 하염없이 바다를 바라보았다. 흔들리는 모습이 아름다운 건 파도뿐이리라.

언제부터였을까. 아주 머언 태곳적부터 시작된 음률은 아직도 사라지지 않고 일렁인다. 파도가 몰려온다. 정점에 이르면 하얀 포말의 꽃이 피어난다. 자취를 감추며 들려주는 물거품의 속살거림이 귀를 간지럽힌다.

시작도 끝도 없이 밀려오는 파도의 노래. 파도 소리는 바람과 함께 빚는 영원한 사랑 노래일지 모른다. 가까이 조금 더 가까이 밀려와 모래를 적신다. 마음을 그리다 가나 보다. 또다시 다가오지만 다 전하지 못한 채 사라져가는 안타까움 가득. 영원히 다 풀어놓을 수 없는 바다의 몸짓일 뿐이려니. 저 깊은 속 어디에서 진주로 빚어질까.

바람이 거세지면 파도는 더 크게 출렁인다. 오름과 내림 물결 파장이 높이 만들어졌다 사라지곤 한다. 끝없이 끝이 없이 저 멀리…. 그 리듬에 한없이 묻힌다. 어떤 악기로도 지어 낼 수 없는 물결의 소리와 언어 그리고 춤사위. 반짝이는 빛과 함께 들려오는 노래는 언제나 내 가슴을 점령하고야 만다. 아주 오랫동안 바다의 언어를 들으며 내 마음밭은 파아란 편지지가 된다.

가슴 가득 파도의 일렁임을 눈으로 바라보며 마음에 담아온 날이었다. 가끔 그렇게 불현듯 바다를 찾아간다. 바다를 찾아갈 때마다 지워지지 않는 푸른 음표를 그려주기 때문이다. 이 음표를 모으며 난 살아가는지도 모른다. 바다는 멀리 있지만 언제나 내 속에 머물고 있다.

뜨거운 태양 아래 달궈진 고운 모래와 조그만 소라도 파도의 하염없는 읊조림을 듣고 있을 터다. 가뭇없이 그려지는 음표들이 지워졌다 다시 돋아난다. 끝없이 펼쳐지는 아름다운 사랑 노래, 영원의 숨결이다.

푸른 음표들이 / 바다 오선지 위에 춤춘다

끊임없이 철썩이는 / 사랑의 노래

태곳적부터 이어온 / 멈추지 않는 선율

빛으로 오는 태양 아래 / 수평선 저 너머까지 / 마음길이 펼쳐져 간다

안으로 출렁이며 다가오는 물결 / 내 수위水位를 넘는다

눈 감아도 / 지워지지 않는 소릿결들

모래 위 가뭇없이 그려지는 / 영원이 되는 순간

메밀꽃 필 무렵

꽃 축제 하는 곳으로 달려간다. 봉평에 있는 가산 이효석 문학관으로 향했다. 지인 부부가 지금 그곳엔 메밀꽃 축제가 한창이라 한다. 우연은 인연의 시작인가. 수필집을 계기로 대화의 통로가 개설되었다. 글을 통해 마음길이 자연스레 열리기도 한다.

그들은 고향을 떠나 젊은 시절 도시에서 보냈다. 이곳으로 이사 온 지 얼마 안 된다. 요즘 새로 생긴 카페에서 책 읽으며 시간을 보낸다. 바둑을 두고 탁구를 친다. 여행하며 맛집도 탐방한다. 여기저기 찾아다니는 풍류객이 되었다. 호시절이다. 가끔 우리를 초대한다. 메밀꽃 축제에 예전부터 가고 싶었었다. 하얀 꽃들을 만날 생각에 벌써 가슴이 설렌다.

비 올 듯 흐렸지만 무작정 따라나섰다. 어딘가를 향해 집을 나서는 일은 가슴을 뛰게 하기에 충분하다. 담소를 나누지만 시선은 창밖 스치는 풍경에 가 있다. 눈 가는 데마다 초록이 넘실댄다. 가끔은 혼자 차를 몰고 미지 섬을 찾아가고 싶을 때가 있다. 마음 한구석 크게 자리하고 있는 빈터를 발견할 때 더욱 그렇다. 언제든 자유 날개를 달고 떠날 수 있었으면…. 삶이란 뭔가. 짧은 시간 머물다 스러짐 아닌가. 이제 내 마음속 희원을 들어주고 싶다.

봉평에 도착하니 축제 분위기에 흠씬 물들어 있다. 비가 온다는 예보에도 불구하고 많은 사람들이 꽃밭을 찾아왔다. 어린이를 동반한 가족과 연인들이 고불고불한 메밀밭을 거닌다. 아름다운 곳을 찾아다니는 마음은 순하고 예쁠 것 같다.

문학관에 먼저 들렀다. 작가의 향기로 가득하다. 「메밀꽃 필 무렵」 무대인 봉평에서 대화까지에 대한 묘사는 언제 읽어도 한 편의 아름다운 시다.

> 이지러는 졌으나 보름을 가제 지난 달은 부드러운 빛을 흐붓이 흘리고 있다. (……) 고요한 속에서 짐승 같은 달의 숨소리가 손에 잡힐 듯이 들리며, 콩 포기와 옥수수 잎새가 한층 달에 푸르게 젖었다. 산허리는 온통 메밀밭이어서 피기 시작한 꽃이 소금을 뿌린 듯이 흐뭇한 달빛에 숨이 막힐 지경이다.

글 속에 젖다 밖으로 나오니 잔디 위에 동상이 하나 있다. 반가운 얼굴을 만난 듯 이끌려 곁으로 다가갔다. 평소 글 쓰는 모습 같다. 가산의 문학 향기를 맡고 싶어 곁에 앉아 본다. 이렇게 앉아 원고지에 한 자 한 자 써넣었을 작가를 생각해 본다. 이곳에서 끝없이 신비한 자연과 인간에 대한 사유의 시간을 가졌으리라. 메밀꽃과 함께 살아가는 사람들이 지니고 있는 사랑과 순박함을 작품에 담는 시간을 보냈을 터다. 피아노 연수를 살했고 영화 만드는 데도 참여하며 아름다움을 추구한 작가였다. 하지만 행복하게 문학에 전념하는 시간은 그리 길지 않았다. 아내와 아들을 잃고 슬퍼하다 건강을 잃고 회복할 수 없는 병으로 세상을 떠났다. 그의 나이 서른여섯이었다. 인간의 슬픈 삶은 꽃처럼 피어나기도 하는 걸까.

허생원을 생각하며 메밀밭으로 향했다. 가녀린 꽃대 위에 피어있는 하얀 꽃이 초록 벌판 위에 끝없이 펼쳐졌다. 달빛 아래 소금을 뿌려 놓은 것 같다는 메밀꽃은 안개꽃을 닮았다. 허리 굽혀 자세히 보니 분홍 꽃잎도 있다. 빨간 꽃술이 하얀 꽃 위에 앙증맞게 달렸다. 수줍은 새색시 같다고 할까.

하트 모양으로 만든 꽃밭 주변에선 연인들이 껴안고 뽀뽀를 한다. 그냥 지나치고 싶지 않은 게지. 사람은 저렇게 사랑꽃처럼 피어나기도 한다네. 아름다운 그 순간이 영원으로 이어지는 꽃길이 되었으면 하는 바람을 가져본다.

그 끄트머리를 지나 섶다리에 왔다. 노루목 고개를 넘으면 나타난다는 속사천일까. 속 물살이 거친 개울가에서 허우적거리는 허생원을 동이가 업고 건너는 여울목을 연상케 한다. 차가운 물속에서 따스한 동이 등에 더 있고 싶은 아비 마음이 잘 드러나 있었다. 지금은 개울 저편으로 건너갈 수 있도록 소나무를 엮어 다리를 만들었다. 섶다리를 걷고 돌다리도 건넜다. 그곳에 플래카드 하나가 걸려있다. "인생은 여행으로 넓어지고, 삶은 독서로 풍성해지고, 인간은 사유로 깊어지고, 삶은 사랑으로 완성된다."는 문구가 펄럭였다. 여행을 하며 풍요롭고 의미 있는 삶을 만들어 가라는 메시지처럼 들렸다.

메밀밭을 거닐며 하얀 꽃에 물들었다. 가슴안에 커다란 꽃밭이 생겼다. 이런들 어떠하리 저런들 어떠하리. 꽃마음으로 산다면 일상의 지난함이 다 지워지지 않을까. 마음안 씨실, 날실 망에 담겨 있는 모든 것이 다 사사些些로워진다. 꽃은 조그만 가슴에 큰 여백을 만들어 주기도 한다.

겨울에 만난 음악

작은 새들이 따사로운 햇볕 아래 모두 모였다. 고요한 산기슭에 고운 합창이 울려 퍼진다. 청아한 목소리로 쉼 없이 지저귀는 모습이 귀엽고 사랑스럽다. 근심거리 없는 평화 나라가 펼쳐진다. 그 어느 성악가가 이보다 더 고아한 음색을 들려줄 수 있을거나.

높은 음, 낮은 음 상관없이 자유자재로 넘나든다. 추위도 아랑곳하지 않는다. 한겨울에도 노래한다. 처음엔 독창이 매우 유려하게 흐른다. 이어지는 이중창도 물론 부드럽다. 합창도 매끄럽게 흘러 불협화음 하나 없다. 완벽한 하모니다.

때로는 오페라 주인공이 되었나 보다. 멋진 그이가 한 소절 불러주면 수줍은 그녀도 보드라운 목소리로 다정히 속삭인다. 사랑의 속삭임일 테지. 오! 덩달아 설레는 마음. 가슴안으로 밀고 들어오는 화음으로 내 거친 마음은 어느새 말랑말랑한 터전이 된다.

작은 몸에 어찌 저렇게 맑고 고운 목소리가 담겨 있을까. 그들 옆에 서서 함께 노래 부르고 싶어진다. 작은 참새뿐 아니라 큰 까치까지 크기가 다른 여러 새들이 여기저기 날아다니며 읊는다. 장소에 구애받지 않고 자유로운 날갯짓을 하며 창공을 가른다.

누군가 새털같이 가볍다고 했던가. 솜털보다 더 가벼워 보이는 몸짓으로 포롱포롱 날아다닌다. 마치 바람에 실려 가듯이 나뭇가지 저 우듬지로 옮겨 다니며 시詩를 읊는다. 평화롭고 즐거워 보인다. 그들 나라엔 사랑과 행복 언어만 있는 것 같다. 슬픈 언어, 험한 단어는 사용할 줄 모른다. 파라다이스가 그들 나라다.

산자락 모퉁이에 자리한 억새도 바람 리듬에 맞추어 춤을 춘다. 파랗던 젊음은 이미 사라졌다. 곱게 피어올린 꽃도 날려 버렸지만 늘 그 자리에서 세상을 품는다. 가지마다 아직 잎을 달고 있는 떡갈나무와 대화를 나눈다. 봄을 기다리는 두 마음이 겨울 한나절을 즐긴다. 가끔 반가운 친구가 찾아온다. 고라니다. 그 녀석은 억새 품을 좋아한다. 따스한 햇살을 받으며 포근히 잠겨 낮잠을 즐기다 가곤 한다. 가끔 엄마를 잃고 울어대는 새끼 고라니의 고성으로 산의 정적이 흩뜨려지기도 한다.

깊어가는 어느 겨울날 싸라기눈이 찾아왔다. 소복소복 소리 없이 내리는 함박눈, 하늘거리며 나리는 가랑눈, 찬바람과 함께 오는 눈설레와 다르다. 강아지와 산책하다 듣게 되었다. 숲에 쌓여있는 낙엽 위로 싸락눈 떨어지는 소리를. 싸락싸락 싸르락 싸싸아락. 쉼 없이 들려오는 눈의 스타카토. 하늘에서 내려오는 작은 알갱이들이 숲속 낙엽과 만나니 멋진 연주가 펼쳐진다. 그들만이 만들어낼 수 있는 특별한 합연合演이다. 싸라기와 고엽의 춤은 시詩가 되고 노래가 된다. 이 순간에 오래도록 머물고 싶다. 시나브로 떨어지는 눈의 소리를 귀 열어 하염없이 듣고 서 있었다. 그 풍광과 연주를 마음에 담아본다.

기온이 낮은 긴 철을 보내는 동안 지루함을 달래주는 소리가 참 많음을 알았다. 내 곁에 쉼 없이 흐르는 자연의 소리는 순수로 빚어지는 음악이다. 마음을 정화시켜 준다. 그 울림을 들을 수 있는 일상이 기쁘고 감사하다. 잠시 만들어지다 사라지지만 가슴안에 남겨진 여운은 오랫동안 머물러 준다. 맑은 숲속에서 희원한다. '깨끗한 마음을 지닌 그들을 닮아 살고 싶습니다. 그저 함께 행복이라는 미소를 마냥 지어보고 싶습니다.'

조금 있으면 또 다른 봄의 소리가 들려오리라. 마음에 스미는 고운 소릿결 품고 살아가련다. 아름다운 울림 가슴에 그리며.

수첩 이야기

비어 있음은 채움을 위한 기다림이다. 아무것도 그려져 있지 않은 하얀 도화지로 가득한 작은 공책을 좋아한다. 텅 빈 지면에 조그만 언어를 모아 넣는다. 아무도 이해할 수 없는 마음도 그릴 수 있다. 언제부터인지 핸드백 안에 꼭 넣고 다니는 필수품 중 하나가 되었다.

새해를 맞이하기 위한 준비로 연말이면 사람들은 마음 따라 발걸음도 분주해진다. 한동안 못 만난 지인에게 축복의 덕

담을 보내기도 한다. 서점은 그래서 화려한 크리스마스카드와 많은 연하장을 준비해 놓는다. 다양한 표지와 예쁜 모양의 수첩이 등장하여 마음을 빼앗는다. 어린 왕자 · 별 · 꽃 · 구름 · 하늘 · 나비와 더불어 파랑 · 빨강 · 분홍 외에도 표지는 언제나 설렘을 주기에 충분하다. 문구점에 오랫동안 머무는 이유다. 한 장 넘기면 펼쳐지는 하양의 세계는 순백의 눈처럼 눈부시다. 그 위에 무언가 한없이 채우고 싶어진다.

긴 시간 서성이다 하나를 품고 돌아왔다. 무엇을 써넣을까. 고민하지 않아도 된다. 언제라도 마음이 일렁일 때 끄적이면 된다. 짧은 메모는 글 짓는 데 도움을 준다. 카페에서 커피를 마시거나 거리를 걸을 때 산책하며 떠오르는 감정들은 소중하다. 잃어버리고 싶지 않은 말들을 수첩에 넣어둔다. 메모해 두지 않으면 그때, 그 순간에 느꼈던 감정과 스쳤던 생각들을 다시 소환하기 어렵다.

내가 소중히 여기는 수첩이 둘 있다. 그중 하나는 딸과 함께 공유했던 거다. 딸이 초등학교 다닐 때 서로 마음을 주고받은 짧은 편지와 메모가 들어 있다. 우리는 하고 싶은 말을 지면을 통해 전했다. 학교생활과 친구 이야기뿐 아니라 말로 전하기 어려운 마음을 꼬무락거리는 글씨로 보냈다. 다시 펼쳐 보니 어느 날은 빨리 답장을 하라는 메모가 있다. 많이 기다린 어린 딸 마음을 읽어본다. 오래되었지만 얼굴에 저절로 미소가 그려진다. 다시 돌아갈 수 없는 시간이 소중한 추억으로 그려져 있다.

또 하나는 작지도 두껍지도 않은 크기다. 지니고 다니기에 안성맞춤이다. 표지는 연초록이다. Le Petit Prince(어린 왕자)라고 새겨져 있으며 지구 위에 어린 왕자가 서 있는 그림이다. 이 수첩엔 특별히 읽고 싶은 도서 목록을 깨알같이 적었다. 신문에서 소개하는 책 중 관심이 이는 내용이 있으면 기록하는 습관이 생겼다. 독서 중 작가가 소개하는 책에 호기심이 나면 제목을 써 두었다. 좋아하는 음악이나 그림 전시 일정도 있다. 중요한 것은 그때그때 스치는 생각의 짧은 메모들이다. 아무것도 채워지지 않은 백지는 나의 끄적임으로 완성된다. 디지털 시대지만 아직도 난 아날로그 방식이 편안하다.

서점에 가면 목록에 있는 책들을 하나씩 찾아 읽다 정말 마음에 들면 사들고 온다. 그런 날은 아주 좋은 친구를 만난 것 같은 벅차오르는 기쁨에 하루 종일 행복해하며 지낸다. 내 곁에 마음이 통하는 동무 하나 더 생긴 것 같아 부자가 된 느낌이다. 나만의 소확행이다.

어느 날 무심코 가방에서 수첩을 찾았다. 마땅히 있으려니 한 수첩이 보이지 않는다. 순간 심장 덜컹. 다시 샅샅이 뒤져도 보이지 않는다. 앞이 캄캄해졌다. 수첩에 기록되어 있는 책 제목들을 어찌 다 기억해 낼 수 있는가. 여러 모양의 마음을 그린 메모를 다시 생각해 낼 재간이 없다. 한꺼번에 걱정과 안타까움이 밀물처럼 몰려왔다.

하루 일과를 되짚어 보았다. 어느 곳에다 놓고 온 것일까. 어디서 수첩을 꺼내 보았나. 곰곰이 생각해 보았다. 오전에 서점에 들렀었다. 가방에서 수첩을 꺼낸 기억이 가물거린다. 확실하진 않았지만 전화를 했다.

"혹시 오늘 분실물 중에 수첩 있나요?"

"잠시 기다려 보세요. 아, 여기 Le Petit Prince라 씌어있는 수첩이 있네요."

"제가 찾으러 갈게요. 꼭 보관해 주시면 감사하겠습니다."

다행이다. 정말 기뻤다. 감사했다. 수많은 책이 쌓여있는 서점 어디쯤에 있었을 텐데. 누군가 잃어버린 이의 마음을 읽었나보다. 찾을 수 없을 줄만 알았다. 다시 내게 올 수 있다니. 다른 사람에겐 아무것도 아니겠지만 나에겐 아주 중요한 의미를 담고 있는 소중한 수첩이다.

아침 일찍 문고를 찾아갔다. 아직 오픈 시간이 더 남았다. 맨 앞에 서서 동동거리는 마음으로 유리문이 열리기만을 기다렸다. 초침은 여느 날과 달리 매우 느리게 흐른다. 직원이 다가와 문을 열어 주자마자 뛰어 들어갔다. 분실물 담당을 찾아가니 기다렸다는 듯 작은 수첩 하나 꺼내준다. 오! 나의 친구.

요즘 수첩과 재회한 기쁨을 나누며 아주 잘 지내고 있다. 앞으로 수첩을 더 애틋하게 보살펴 줄 것을 속삭이며 조심스럽게 가방 속에 쏘옥 넣는다. 귀한 보석처럼 아주 깊숙이. 아마도 앞으로 오랜 친구처럼 더욱 가까이 지내지 않을까 싶다.

12월

바람이 차다. 겨울 한가운데 있는 십이월은 늘 마음을 춥게 만든다. 봄을 맞이하고 여름 그리고 가을 지나 벌써 겨울과 맞닥뜨렸다. 매년 새해 봄날엔 꽃 같은 해를 보내리라 큰 꿈을 품는다. 멋진 계획들을 모두 피우리라 야심차게 다짐한다. 그때는 봄이고 지금은 한겨울이다. 모든 게 변하듯 인생은 계획대로 이뤄지지는 않는 길인가 보다.

마지막 한 장 남은 달력엔 겨우 삼십여 일 남짓하다. 찬바람에 숫자들이 흔들린다. 세밑에 서성이는 빈손엔 아쉬움이 가득하다. 소중한 시간을 무심히 보낸 것 같아 참을 수 없는 가벼운 존재가 된다.

세 계절 보낸 몇몇 동물은 동면으로 한 절기를 보낸다. 그들은 육체적 생존을 위한 선택이지만 사람은 영과 육의 성장을 위해 겨울이라는 시간이 주어진 것은 아닐까. 인디언들의 십이월 이름 중 '침묵하는 달'이 있다. 인간의 삶은 동서고금을 막론하고 같은가 보다. 마지막 달은 조용히 지내야 한다는 그들의 지혜가 엿보인다.

바깥에서 하는 동적 활동보다 실내에서 보내는 정적인 시간이 길어진다. 자연스레 주어지는 시공에서 자신에게 침잠하라는 의미일지도 모른다. 그러기 위해 필요한 건 온전한 혼자의 시간일 터다. 한 해를 보내고 새해로 건너가는 사색과 고독의 터널을 잘 지나야 한다는 생각에 머문다.

하늘에서 하얀 눈꽃이 쏟아진다. 생각이 많아지는 계절에 보내는 선물 같다. 겨울만 느낄 수 있는 이 풍광을 좋아한다. 하얀 세계를 꿈꾸듯 시나브로 바라본다. 천사들의 춤일까. 세밑 쓸쓸해지는 가슴에 따스한 온기를 채워주려는 듯 살며시 찾아오는 눈송이들. 지난날의 잔재를 모두 덮어 주려는 듯 하염없이 쌓여간다. 새로운 세계를 지향하는 인간의 소망송이처럼 살포시 내려와 대지를 포근히 감싸준다.

하얀 눈이 쌓여 가면 마음은 타블라라사(tabula rasa). 지금 이 순간 아무것도 그려져 있지 않은 하얀 백지에 내가 머물고 싶은 고유한 세계를 건설하고 싶다. 지나온 모든 흔적들은 잠시 차치하고 새로운 삶을 살아갈 수 있도록 말이다. 머물고 싶지 않았던 순간들은 모두 새로운 프로그램으로 리셋(reset)할 수 있다면…. 눈은 그래서 희망을 꿈꾸게 한다. 따뜻한 마음으로 겨울을 보낼 수 있도록 찾아오는 사랑손님일지도. 가슴이 포근해지고 너그러워진다. 자랑할 만한 것 없는 날들이었지만 무탈하게 보낼 수 있음에 감사의 기도를 드린다.

십이월은 새해로 데려다 준다. 다시 시작이다. 아침이면 책상에 앉아 언어들을 모은다. 바람처럼 일렁이는 마음의 동요를 잠재울 순 없지만 그마저도 끄적거림의 이유가 되기도 한다.

눈처럼 하얀 바탕의 노트북에 마음을 그리는 시간이 가장 소중하다. 행복을 느낄 수 있는 시간, 생의 덤이라 여긴다. 추운 날이 많지만 다가오는 새해엔 다른 삶이 기다리고 있다는 꿈을 그린다.

파란 구슬

초등학교 시절이다. 나만의 비밀이 하나 있었다. 국어시간 「개와 고양이」에 파란 구슬이 등장하고부터다. 그 이야기를 접한 순간 눈이 초롱초롱 마음은 콩콩 설렜다. 나의 삶은 이전과 완전 다르게 바뀌었다. 가슴속에 늘 보석 같은 구슬을 지니고 살았다. 구슬은 마법과 같다. 용의 여의주와 알라딘의 요술 램프에 사는 지니처럼 원하는 것은 무엇이든 다 들어주었다.

동화책을 읽으면 꿈꾸는 아이가 된다. 다리 아래서 주워왔다는 아버지의 농담에 고아인 줄 알았다. 진담인 줄 알고 상처 받아 이불 속에서 눈물을 흘리곤 했다. 그 보상을 받고 싶었을까. 나는 커다란 성에 사는 공주가 되었다. 별이 빛나는 밤이면 예쁜 드레스를 입고 반짝이는 구두를 신었다. 가고 싶은 곳은 어디든 날아갈 수 있었다. 엄마 찾아 삼만 리 행도 자주 일어났다. 파란 구슬은 꿈꾸는 대로 이뤄주었다. 그 파워는 어린아이 가슴에 놀라운 상상력을 발휘하게 했다. 불가능이란 찾아볼 수 없었다. 시공을 넘나드는 무궁무진한 가능성이 있을 뿐이다.

상상은 하나의 취미가 되었다. 칸트(Immanuel Kant)에 의하면 "상상력은 정신 자체의 고유한 능력으로 새로운 가치를 창조하는 능력"이라 했다. 정서와 감각으로 여러 체험을 모으고 조합하여 새로운 것을 만든다는 의미다. 그 힘으로 예술은 서로의 영역을 넘나들며 삶에 대한 어떤 고귀한 의미의 상을 그려내는 것은 아닐까. 조그만 아이 상상력은 끝 간 데를 모르고 펼쳐져 갔다.

그래서인지 현실과 꿈의 경계가 무너졌다. 특히 잠자기 전에는 더 심했다. 마음속에서 벌어지는 일이지만 언제나 행복했다. 그 세계에서 완전히 벗어나기까지 아주 오랜 세월이 흘러야 했다. 지금도 상상력 놀이에서 완전히 벗어났노라고 토로할 수 없는 실정이다.

일본 여행 중 디즈니랜드에 간 적이 있다. 가슴 저 깊은 곳에 아직도 파란 구슬을 품고 있었나 보다. 알라딘의 요술램프를 사오고야 말았다. 램프 색이 파란 구슬과 같은 파랑이다. 무슨 의미가 있는 걸까. 그 안에서 하늘색 옷을 입은 지니가 살고 있을 것만 같다. 내 마음 한구석엔 아직도 동화나라가 자리하고 있었다. 지니에게 소망을 들려주면 이뤄줄 거라고 믿고 싶어진다. 나이테가 늘어나도 영원히 꿈꾸는 아이로 살고 싶다.

요즘은 현실에 존재하는 이미지에 가상 이미지를 겹쳐 하나의 영상으로 보여주는 증강현실(Augmented Reality)이라는 프로그램이 등장했다. 기술의 발달은 늘 놀라움을 감출 수 없게 만든다. 현재 실제로 존재하는 사물이나 환경에 가상의 사물이나 환경을 덧입혀서, 마치 실제로 존재하는 것처럼 보여 주는 컴퓨터 그래픽 기술이다. 현실보다 실존감이 뛰어난 것이 특징이란다.

이제 동화 같은 현실을 마음대로 만들 수 있다. 그런 프로그램에 관심을 기울이는 사람이 많아지는 현상은 어떤 의미일까. 한 번뿐인 생, 꿈꾸는 대로 살고 싶기 때문 아닐까. 비록 비현실적이라도 누구나 상상으로 행복을 그릴 수 있는 권리가 있는 것일지니. 지금 여기서 또 어떤 꿈을 증강해 볼거나.

엄마의 노래

노래를 하며 생生을 달래는 걸까. 즐거운 날뿐 아니라 버거운 날도 흥얼거리는 엄마를 보며 자랐다. 삶이 늘 가볍지만은 않을 터인데 하루가 힘들다 무겁다 하지 않으셨다. 힘겨운 터널을 탈출할 수 있는 유일한 통로는 노래였는지도 모른다.

모처럼 네 남매 가족이 모였다. 아버지가 구순九旬을 맞이하셨다. 다섯 해 적은 어머니를 간병하시느라 많이 야위셨다. 아버지는 병원에 자주 다니셨지만 다행히 지금도 건강하신 편이다. 두 분이 우리 곁에 계셔서 감사할 뿐이다. 오래오래 건강하게 사셨으면 하는 바람을 가져본다.

첫째 동생이 잔치를 준비해 주었다. 각자의 삶에 치중하다 보니 자주 만남을 갖지 못했다. 오랜만에 화기애애한 담소를 나누었다. 아버지가 엄마에게 딸기를 가져다 주시자 엄마는 갑자기 노래를 부르기 시작했다. "당신이 최고야… 머리에서 발끝까지~." 순간 모두 눈이 휘둥그레졌다. 지금까지 없었던 일이기 때문이다. 언제부턴가 엄마 노래는 사라져버렸다. 어떻게 우리도 모르는 노래가사를 외우셨을까. 모두 말을 잃었다. 너무 놀란 나머지 눈만 껌벅거릴 뿐.

엄마는 노래를 무척 좋아하신다. 어릴 적 부엌에서 설거지를 하거나 집안 청소를 하실 때 흥얼거리는 모습을 자주 보았다. 중학교 다닐 때이다. 어머니날이었다. 학교에서 전교 학생 어머니를 초대하여 잔치를 하는 행사가 있었다. 사회를 맡은 선생님은 어머니 중 누구라도 무대에서 노래를 불러도 된다고 하자 동네 사람들이 수군거렸다. "○○ 엄마, 어디 있어. 어서 나가야지." 같이 참석한 이웃 아줌마들은 엄마를 찾아 나가라고 떠밀었다.

부끄럼을 많이 타는 나는 속으로 엄마가 노래하지 않기를 바랐다. 나의 그러한 바람은 아랑곳없이 엄마는 어느새 무대를 향하고 있는 것이 아닌가. 마이크를 잡고 노래를 부르는 내내 내가 떨렸다. 가사를 틀리면 어떡하나. 노래를 듣는 동안 얼굴은 홍당무, 가슴은 두근두근. 박수를 받고 내려오셨지만 노래가 끝날 때까지 가슴을 쓸어안아야 했다. 그 순간이 어떻게 지나갔는지 모르겠다.

앙코르 박수가 방안을 메웠다. 즐거워하는 엄마의 얼굴이 아기 같다. 순진무구하게 웃으신다. 씩씩했던 엄마는 점점 야위어 간다. 얼마 전엔 무릎 수술을 했다. 몹시 고통스러워하셨다. 한쪽만 한 후 다시는 하지 않겠다고 다짐하셨다. 안 하는 것이 더 큰 고통이었는지 남은 쪽도 마저 하셨다. 긴 시간 힘들어 하셨다. 아파하시는 엄마를 하나밖에 없는 딸인 나는 자주 찾아뵙지 못했다. 엄마가 작아지는 만큼 아린 가슴에 슬픔은 커져만 간다.

늘 자식을 향해 있는 부모 마음은 따스한 빛과 같다. 어느 날 엄마는 꾸러미 하나 내밀었다. 내의와 속속곳 몇 장, 양말이 들어있었다. 잠시 할말을 잊었다. 비척거리시며 시장에 가서 마련했을 것을 생각하니 코가 찡해 온다. 부모 사랑 앞에 자식은 늘 작아진다. 엄마를 위로해 드리러 찾아가지만 난 아직도 엄마의 따뜻한 사랑을 듬뿍 안고 온다. 온아한 미소 띤 엄마 얼굴로 힐링되어 돌아오곤 한다.

노래를 흥얼거리다 보면 마음에 걸린 찌꺼기도 물과 함께 다 빠져나가나 보다. 아마도 엄마의 슬픔을 그렇게 삭이셨는지도 모른다. 오래 가슴에 머물지 못하도록 밀어내셨나 보다. 이래도 한세상 저래도 한 생 아닌가. 노래하는 삶이라면 지난함도 쉬이 지나가리니. 엄마 노래뿐 아니라 악기 울림, 매미와 풀벌레 연가, 저 멀리 들려오는 파도 소리, 내 곁에 바람의 기척은 언제나 마음에 맑은 행복을 담아준다. 다 사랑이라 여기며 살고 싶다.

수선화의 꿈

꽃소식 하나 봄바람에 실려 왔다. 지인이 수선화 모종 한 더미 건넨다. 그도 부산에 사는 죽마고우에게 한아름 받았다 한다. 가깝지 않은 지도地圖 끄트머리에서 꽃을 보내는 일은 그리 쉬운 마음이 아닐 게다. 선善은 이렇게 기쁨으로 번진다.

근래에 수선화에 자주 눈길이 갔었다. 장이 서는 날 찾아보리라 생각하고 있던 터다. 내 마음을 읽기라도 한 듯하다. 먼 곳 누군가에게 수선화 선물을 받은 느낌이다. 삶이 이루어지는 과정은 가끔 신비하게 여겨진다.

오래전부터 꽃 가꾸기를 좋아했다. 아파트 생활을 할 때는 화분으로 베란다를 메꾸었다. 행운목을 비롯해 관음죽・꽃기린・시계꽃・벤자민・서향・재스민 외에도 많은 꽃들과 함께 살았다. 늘 나의 시선은 꽃들을 향한다. 화분 하나엔 하나의 세계가 존재한다. 자라나며 꽃을 만드는 모양이 다 다르다. 그들 세상과 교감하는 시간엔 마음속에 평온이 깃든다. 저마다의 아름다움을 피워 행복을 안겨주는 시간은 참으로 귀하다.

화단에 수북이 난 풀을 뽑아 자리를 마련하고 정성 들여 심었다. 쪼그리고 앉아 일을 하니 허리도 아프고 힘에 부쳤지만 흙을 고르며 심는 내내 기뻤다. 흙을 만지는 동안 마음 주름도 펴진다. 일상에 훅 불어오는 사소한 감정들이 어디론가 사라진다. 어느새 수선화들이 줄 맞추듯 나란히 자리를 잡는다. 차오르는 뿌듯함으로 고단함은 어느덧 사라진다. 꽃으로 부자가 된 날이다.

눈을 뜨면 저절로 화단가를 서성인다. 언제쯤 소식이 오려나. 답장을 기다리는 소녀의 마음이 된다. 조금씩 자라나는 수선화 곁에서 기다림을 배운다. 가녀린 줄기 끝에서 꽃잎을 여는 순간은 기적 같았다. 조그만 화단에 꽃으로 찾아온 천사. 수줍은 듯 다소곳이 고개를 숙인 자태가 가슴을 밀고 들어온다. 아래로 향한 모양은 나르키소스(Narkissos)가 연못을 바라보는 모습일까. 물속에 비친 아름다운 자기 모습에 반해 빠져 죽은 미소년. 그곳에서 수선화가 피었다. 나르시시즘(Narcissism)은 그런 까닭에 자신의 미에 도취한 나르키소스에서 유래한 정신분석학 용어가 되었다.

고고하고 청초한 꽃 앞에서 선입견은 금물이다. 풋풋한 향을 내며 살포시 미소를 머금은 꽃만 보고 싶다. 꽃송이는 두 겹으로 되어 이층 모양을 이룬다. 아래 꽃잎이 받침처럼 보이지만 둘 다 꽃잎이다. 오래 보지 않아도 예쁘다. 저 가냘픈 체구에서 어찌 저렇게 고운 꽃을 피우는고.

올봄은 꽃을 심으며 꽃마음으로 지내려 한다. 향을 내어주는 생강나무와 분홍빛에 설레게 하는 진달래도 심을 예정이다. 화단에 마구 나고 자라 꽃자리를 침투하는 풀도 열심히 뽑아야 하는 일을 감수해야 하겠지만 말이다.

지인의 따스한 마음이 꽃미소처럼 전해 왔다. 나누는 마음은 바이러스처럼 전이된다. 행복 바이러스엔 자진해 감염되어도 좋으리. 온 마음으로 그 향기에 오래 취할 수 있으니.

봄은 보라는 계절이라 한다. 생명이 피어나는 봄을 보며 봄날처럼 살고 싶은 꿈을 꾼다. 남은 시간 꽃을 바라보는 길이라면 더 바람 있을까. 또 다른 꽃잎이 벙그러지기를 기다리는 지금 이 순간이 행복인 것을. 어제와 같은 일상에 가끔은 꽃 이야기가 출렁인다. 늘 내 작은 가슴밭에 꽃꿈을 피우련다.

작품 해설

정갈한 삶의 정원에 피는 끝없는 상상의 꽃밭

— 박선숙 시인의 수필집에 부쳐

박동규

(서울대 명예교수, 문학평론가)

박선숙 시인의 산문집을 읽으면서 너무나 조용한 자기만의 공간에서 어쩌면 누구도 범접할 수 없는 사물과의 교섭을 할 수 있을까 하는 생각을 하게 되었다. 그러기에 박 시인이 살고 있는 설악 마을을 떠올려 보았다. 눈이 차분히 내린 날에는 길조차 보이지 않고 높은 산정에는 흰구름과 눈과 어울려 꼭 한 장의 엽서 같은 풍경이 되어 있는 그런 동네로 기억하고 있다. 이를 감안하면서 박 시인의 고립된 곳에서 자아만이 지닌 독특한 감각과 유려한 사고를 바탕으로 한 그의 수필들은 독특한 색깔과 목소리를 지니고 있다는 점을 먼저 밝혀둔다.

1. 박 시인의 아틀리에가 가지는 삶의 촉수(觸手)

그의 작품 중 「나의 아틀리에」는 첫 번째 실려 있다. 그는 '작은 방'에서 펼쳐지는 사위(四圍)를 세밀하게 관찰하고 있다. 이 관찰의 출발은 몇 가지 특징을 보여준다. 그 첫째가 "나의 작은 방에도 경전이 있다"는 점이다. 그는 그곳에서 그가 체험할 수 없었던 세상 세계를 만나고 있다. 경전은 삶의 바다를 유영하는 공간이 되고 있다. 이 공간에는 지식의 보고가 되는 책이 있다. 책은 정신과 가슴을 깨우치고 흔들어준다.

박 시인에게 있어서 그의 산문을 이루는 중심은 다름 아닌 가상체험의 기술을 통한 세계의 그림이다. 그는 이 '아틀리에'

를 통해서 얻은 체험의 정수를 산문집에 담고 있다. 이 아틀리에는 어제와 오늘의 '나'라는 존재를 성찰하게 하는 비말한 자아의 의식적 공간이기도 하다. 그러기에 이 의식의 흐름을 이어가게 하는 음악이 있다. 그리고 그 매개로 사용되는 세계를 다니면서 얻은 여행에서 얻어온 사물들은 마치 알라딘의 램프처럼 지나온 시간의 화려한 기억을 펼쳐지게 한다. 그 기억의 바탕은 글쓰기이다. 그에게 있어서 글쓰기는 단순한 창작의 시도가 아니다. 그는 자연과의 자연스러운 교섭에서 얻는 감수성의 회복이고 또 자아의 세계와 밖의 세계와의 통로이며 그의 시간이 가슴이라는 따뜻한 인간다움의 탐색의 길이 되는 것이다. 이 아틀리에는 그의 산문의 산실이다.

2. 페르소나(persona)와 인간의 탈

박 시인은 본체인 나를 대신해서 남에게 보여지는 또 다른 나에 대한 물음을 통해 나와 보여지는 나 사이의 놓인 본질성과 가면성을 의식하면서 그가 살아가는 과정을 '페르소나'에서 보여주고 있다. 박 시인이 제시한 잉마르 베리만이 제작한 '페르소나'에서 찾아낸 것은 자아와 가면의 상관이다. 영화에서 보여주는 해변에서 요양 중인 엘리자벳과 간호사 알마 사이에 빚어지는 사건을 보면 서로의 페르소나가 바뀌지는 것이다. 이 교차는 이 영화의 상징적 주제임을 시인은 밝히고 있다. 이를 통해서 말하고 싶어 한 것은 주 여인의 실체와 가면을 벗겨 냄으로써 모성에 대한 비판적 의지라고 할 수 있을 것이다. 그리고 겉으로 보이는 삶이 결코 전부도 진실하지도 않다는 점과 가면 뒤에 숨어있는 실체가 지닌 허위성을 말하고 싶어 한 것이다. 그는 서양의 가면무도회와 우리의 탈춤에 대해서도 언급하고 있다.

특히 우리의 탈춤이 발전되어온 과정을 보면 양반이 지배하던 시절 평민이 이 탈춤을 통해서 양반 사회가 지닌 모순과 불의를 드러내기 위해서 탈을 필요로 했고 그를 통해서 평민이 목숨을 부지할 수 있었다는 사실을 생각하게 하는 것이다.

이와 마찬가지로 박 시인은 그가 살고 있는 집에서부터 마치 일상의 행복을 찾아다니는 산책이라는 그만의 걷기를 보여주고 있다. 그의 '산책예찬론'은 그에게는 걸어서 찾는 행복을 향한 걷기의 의미를 가지고 있다. 그는 산기슭 조금 떨어진 외딴집에 산다고 여러 번 기술하고 있다. 그가 말하는 외딴이라는 말속에는 그의 생활이 지닌 고립된 영역의 내포를 찾아볼 수 있다. 이 내포는 그의 생활 반경 안에는 적당한 사람들이라는 다중적 교섭 관계가 이루어지지 않고 있음을 알 수 있다. 다중과의 만남이라는 것은 어찌 보면 사회라는 인간 집단에서 조금 벗어난 자리에 산다는 뜻이 된다. 따라서 그에게는 인간과의 교섭보다는 주변의 자연과의 교섭을 할 수 있는 기회를 더 많이 누리고 있다는 것이다. 그런면을 보여주는 '산책예찬론'은 그가 어떻게 '산책'을 통해서 살고 있는가를 보여주고 있다. 그는 산책에서 가지는 생활에서 그를 자신을 돌아보고 생각하고 자연과의 교감을 나누는 이 즐거운 시간이 되고 있다.

그는 먼저 풍경을 들고 있다. 이 풍경에는 사계가 담겨 있다. 각 계절이 전해주는 계절만의 이야기를 통해 "늘 새날"을 맞이한다. 새날은 봄의 경우 산수유 · 생강나무 · 진달래 · 개나리 ·목련이 각기 봉오리를 터뜨리는 그 생명의 개화가 주는 놀라움이 있다. 이 또 이름 모를 야생화가 보여주는 봄의 모습은 비록 홀로 피었다 지지만 그 잔잔한 미소는 봄의 또 다른 축복이 된다. 여름은 잎의 계절이며 초록의 세상이다. 그리고 가을 단풍이 주는 이별의 노래는 산을 화려한 색채의 향연으로 우리를 끌어들인다. 그리고 겨울이 온다. 겨울의 침묵도 내면의 세계를 바라보게 하는 거울이 된다. 박 시인에게 산책은 짧은 여행이며 자연과 마음을 이어주는 길이다. 그가 보여준 산책은 마음을 열어주는 자유이며 생활을 한발 더 높은 곳으로 향하게 하는 행복의 걸음이 됨을 말하고 있다.

3. 허물의 논리와 생명의 아름다움을 구가(謳歌)하는 단상

박 시인의 산문에서 찾을 수 있는 특징의 하나는 마음의 회로와 사색의 다양성이다. 이중에서 먼저 마음의 회로는 그가 생활 속에서 접하는 사물과의 감각적 접촉이 감수성이라는 특별한 정서로 해서 그의 미감으로 정착하고 이를 이용하여 그만의 삶의 가치나 정신을 빚어내고 있다는 점이다. 그중에 「허물」에서 이를 잘 보여주고 있다.

일반적으로 허물의 뜻으로 껍질을 먼저 떠올린다. 그런 의미와는 조금 다른 잘못이라는 뜻도 있다. 박 시인은 매미를 대상으로 '허물'을 그려내고 있다. 그는 매미의 탈각(脫殼)을 주목하고 있다. 이 탈각은 그냥 껍질을 벗어던짐이라는 풀이로는 매미 탈각을 보내 버릴 수 없다. 시인의 예리한 감수성은 데미안의 알의 세계를 끌어오고 있다. '태어나려는 자는 한 세계를 파괴해야 한다.' 말처럼 새로운 세계의 창조를 의미하는 것으로 보고 있다. 그리고 그는 이 탈각을 통해서 매미가 지니는 생명의 의미를 중국의 진나라 육운이 보여준 '한선부'의 오덕(五德)이라는 윤리적 해석을 가져왔다. 이 윤리적 덕목은 매미의 생명체를 하나의 가치로 승화시킨 것이다. 그렇지만 매미를 보라. 얼마나 오랜 기간 매미로 태어나기 위해서 알 속에 갇혀 지내야 했던가. 그리고 태어나서 너무나 짧은 기간 오로지 그의 노래를 부르다 가버리는 것이 아닌가. 이 매미의 삶

속에서 찾아낸 의미를 확대하여 살아가는 인간의 가치와 연결하고 있다.

박 시인은 매미의 외침을 타인을 위한 이해와 사랑으로 해석하고 있다. 이는 허물벗기라는 자신을 돌아봄에서 얻어진다고 한다. 그러기에 '매미의 허물벗기'는 바로 자신을 돌아보며 선한 자아변신의 세계로 탈바꿈해 가는 노력이 있어야 한다는 점을 지적하고 있다. 그는 이와 같은 삶의 지혜적 여건을 「선線 선禪 선善으로」에서 밝히고 있다.

이 세 가지는 삶의 지향을 설정하는 나침판처럼 가치 기준을 창출하는 잣대로서도 작용하기를 바라고 있다. 먼저 생이 우주 안에 지나가는 선을 지적하고 있다. 그러기에 "무한한 우주 안에 한 생명의 삶은 점에 불과"하다는 인식을 설정하고 그 안에서 한계를 설정하고 이를 무너뜨리는 것의 생명활동을 항상 살펴보아야 함을 밝히고 있다. 또 선禪은 소리의 미학을 보여주고 있다. 세상의 소리를 닫게 하고 감추어진 영혼을 불러들이면 끝없는 평온을 얻게 되는 과정을 가지게 된다. 이는 긴 호흡으로 마음으로 새날을 맞이하게 하는 길이 된다는 점이다.

또 선善은 이는 종국으로 “하나의 점과 점이 만나 선線을 이루면 입체적 삶이 이루어지리라”는 가설이다. 한 생이 이어지는 시간은 길지 않다는 점을 고려하여 “참삶을 이루기 위해 고요한 선禪에 머무르고” 그리하여 그 모두의 바람이 선善이 되는 세계를 꿈꾸고 있다. 박 시인은 그의 아틀리에에서 형이상학적 인간형의 창출을 꿈꾸고 있는 것이다.

4. 생활의 풍요로움의 충족과 감성의 확장

박 시인의 산문지에서 눈에 띄는 또 하나의 특징은 그의 외로움의 공간을 채우는 생활에서의 의도적 확장이다. 누구에게나 삶의 충일한 만족을 가져오기 위한 여러 가지 방식으로 시도하거나 취미생활이 있을 수 있지만 박 시인에게 있어서는 특이하게도 감성적 접촉 양식이 그만의 특징이라고 할 것이다.

그의 「수선화의 꿈」에는 지도 끄트머리에서 죽마고우가 보낸 수선화에 대한 감상적 글이 담겨 있다. 이 글에서 보여주는 것은 꽃과의 만남이다. 통상적으로 꽃은 삶의 장식적 자리에 놓여 있기 마련인데 그에게는 꽃을 자연이 일부로 받아들이고 그 꽃의 생명을 감각으로 느끼고 있다는 것을 볼 수 있다. 죽마고우가 보낸 수선화를 마당에 풀을 뽑고 심는다. 그리고 이 마당 꽃밭에 한식구가 된 수선화가 가녀린 줄기에 꽃이 피는 순간 마치 기적을 본 것 같은 기쁨을 느끼고 있다.

그의 이러한 꽃사랑의 이야기는 어찌 보면 그의 사랑의 대상이면서 또 하나의 분신을 만나는 행복이 되고 있음을 알 수 있다. 또 하나는 「파도 소리」이다. 이 글에서 그는 유년기에 바다가 보이는 마을에서 자란 기억을 회상하고 있다. 이 회상은 바다에 그려진 노을의 아름다움에 대한 것이다. 그러다가 그는 대학 시절 강릉 바다를 찾는다. 그가 간 곳은 여름바다가 아니다. 가을 경포대 나뭇잎이 빨갛게 물드는 시간이다. 그에게 있어서 젊은 허기진 시간 찾아간 강릉바다는 흔들리는 바다뿐이었으리라.

그 바다에서 바다의 음률이 파도 소리와 마주한다. 이 파도와 그 소리는 소리와 음표로 빚어내는 환상이었고 파도의 춤사위와 빛의 굴절은 노래가 있는 파란 편지지처럼 그의 마음에 남은 파도 소리다. 영원의 숨결로 그의 가슴에 새겨져 있다. 이는 꽃을 심는 마음과 함께 파도 소리의 음표로 연주하는 노래를 스스로의 삶의 한 지나간 꿈의 흔적처럼 껴안고 살아가는 것을 보여주고 있다. "안으로 출렁이며 다가오는 물결/ 내 수위를 넘는다/ 눈 감아도/ 지워지지 않는 소릿결들/ 모래 위 가뭇없이 그려지는/ 영원한 순간"이라는 그의 시처럼 그의 전망에 대한 무한한 지향은 이 기억 속에서 한없이 상상의 나래를 펼치고 있다.

끝으로 박선숙 시인의 산문집에서는 풋풋한 생명의 향기가 난다. 그가 여러 편 음악에 대한 그의 글을 보여주고 있듯이 소리로 언어로 말하고 싶어 하는 것을 뛰어넘는 그만의 세계가 마치 구름 위에 떠 있는 궁전처럼 펼쳐져 있다. 어쩌면 생명의 향기는 그의 체취인지도 모른다. 그러면서도 선하게 사는 한 인간상을 글의 내포로 감추고 있다는 생각을 하게 된다. 그러기에 그의 산문은 사색의 골목길이 되고 꽃길로 가는 표지판이 되고 또 외로운 이에게 다정한 웃음으로 손짓하는 허수아비가 된다. 그의 글이 보기 드문 성실한 고백서임이 틀림없다. 출간을 축하한다.

박선숙 수필집

나의 아틀리에

인쇄 2022년 8월 15일
발행 2022년 8월 20일

지은이 박선숙
발행인 서정환
펴낸곳 수필과비평사
주 소 서울시 종로구 삼일대로 32길 36(운현신화타워 빌딩) 305호
전 화 (02) 3675-3885, (063) 275-4000
팩 스 (063) 274-3131
이메일 essay321@hanmail.net
출판등록 제300-2013-133호
인쇄 · 제본 신아출판사

저자와 협의, 인지는 생략합니다.
잘못된 책은 바꿔 드립니다

ISBN 979-11-5933-411-5 (03810)
값 13,000원

Printed in KOREA